农业高质量发展路径研究

—— 以重庆市长寿区为例

张 吕 著

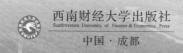

西南财经大学出版社
Southwestern University of Finance & Economics Press
中国·成都

图书在版编目(CIP)数据

农业高质量发展路径研究:以重庆市长寿区为例/
张吕著.--成都:西南财经大学出版社,2024.8.
ISBN 978-7-5504-6315-8

Ⅰ.F327.719.3

中国国家版本馆 CIP 数据核字第 2024NC6814 号

农业高质量发展路径研究——以重庆市长寿区为例
NONGYE GAOZHILIANG FAZHAN LUJING YANJIU——YI CHONGQING SHI CHANGSHOU QU WEI LI
张吕　著

责任编辑:植　苗
责任校对:廖　韧
封面设计:何东琳设计工作室
责任印制:朱曼丽

出版发行	西南财经大学出版社(四川省成都市光华村街55号)
网　　址	http://cbs.swufe.edu.cn
电子邮件	bookcj@swufe.edu.cn
邮政编码	610074
电　　话	028-87353785
照　　排	四川胜翔数码印务设计有限公司
印　　刷	成都国图广告印务有限公司
成品尺寸	170 mm×240 mm
印　　张	13.25
字　　数	303 千字
版　　次	2024 年 8 月第 1 版
印　　次	2024 年 8 月第 1 次印刷
书　　号	ISBN 978-7-5504-6315-8
定　　价	68.00 元

前言

在这个知识爆炸、技术革新的时代，农业作为人类文明的基石、国民经济的根底，在我国现代经济社会的建设和发展中占据着举足轻重的地位。尤其对于中国这样拥有深厚的农耕文化底蕴和丰富的文化资源且农业人口众多的国家而言，农业的发展不仅与国民经济的稳定增长存在紧密关联，更直接影响着亿万农民的生活质量以及社会的和谐与稳定。因此，寻求农业高质量发展的途径不仅是一个重大的经济议题，更是一个深刻的社会议题和政治议题。

随着中国特色社会主义进入新时代，我国经济已由高速增长阶段转向高质量发展阶段，正处在转变发展方式、优化经济结构、转换增长动力的攻关期，建设现代化经济体系是跨越关口的迫切要求和我国发展的战略目标。为了推动农业高质量发展，政府部门必须采取创新性的思维方式，以问题导向、目标导向、需求导向和市场导向为基础，遵循农村发展规律和农业农村现代化规律，以市场导向思维、城乡融合思维、全面振兴思维为主要内容，探讨如何推动农业高质量发展，为实现农业现代化奠定坚实基础。农业作为我国国民经济的基石，其产业增长速度对于整个经济的发展起着至关重要的作用。近年来，我国发布的多个中央一号文件对农业高质量发展的目标和重点任务做出了明确要求，中共中央、国务院及相关部门也围绕高质量发展制定了一系列政策，为农业高质量转型提供了具体的方向和指导。特别是《国家质量兴农战略规划（2018—2022 年）》的出台，为质量兴农设定了明确目标：到 2022 年年底，质量兴农制度框架基本建立，初步实现产品质量高、产业效益高、生产效率高、经营者素质高、国际竞争力强，农业高质量发展取得显著成效。

长期以来，我国大部分地区城乡发展不平衡不协调、城镇化水平不高，城乡居民收入分配差距依然较大，农村发展相对薄弱。党的十八大以来，以习近平同志为核心的党中央坚持把"三农"问题作为全党工作的重中之重，提出并深刻阐释了坚持农业农村优先发展这一总方针，进一步明确了对工农城乡发展优先顺序的战略考量，强化了对农业、农村、农民"多予、少取、放活"的政策导向，把解决好"三农"问题的重要性提升到新的历史高度。党的十九大提出了全面实施乡村振兴战略的工作方针，指出我国社会主要矛盾已经转化为人民日益增长的美好生活需要和不平衡不充分的发展之间的矛盾。党的十九大以后，我国着重加强农村建设，绘就全面推进乡村振兴壮美画卷，促进城乡融合发展。在中国共产党的领导下，中国一直致力于缩小城乡差距、大力发展农村经济。党的二十大再次将乡村振兴战略置于重要位置，并强调了农业农村优先发展的工作原则。随着乡村振兴战略的全面实施，各级政府都制定了一系列实施方案加以落实。乡村振兴的关键是产业振兴。大力发展农业农村并推动农村产业高质量发展，关乎国家命运，是提高国家综合实力和国际竞争力的关键一环。

党的二十大报告指出，全面建设社会主义现代化国家最艰巨、最繁重的任务仍然在农村，我国要"坚持农业农村优先发展，坚持城乡融合发展，畅通城乡要素流动"；要"加快建设农业强国，扎实推动乡村产业、人才、文化、生态、组织振兴"；要"深入实施种业振兴行动，强化农业科技和装备支撑，健全种粮农民收益保障机制和主产区利益补偿机制"；要"树立大食物观，发展设施农业，构建多元化食物供给体系"；要"发展乡村特色产业，拓宽农民增收致富渠道"；要"完善农业支持保护制度，健全农村金融服务体系"。2024年发布的中央一号文件即《中共中央 国务院关于学习运用"千村示范、万村整治"工程经验有力有效推进乡村全面振兴的意见》明确部署了农业高质量发展的各项任务，包括确保国家粮食安全、坚决防止发生规模性返贫、大力提升乡村产业发展水平、扎实推进宜居宜业和美丽乡村建设、健全党组织领导的乡村治理体系以及加强党对"三农"工作的全面领导。虽然在国家有关政策的大力支持下，我国农产品总量增加、农民收入不断增长，但是农业总量高产与农产品结构单一并存，农业传统生产经营方式与市场、技术、生态的冲突逐渐加剧，土地生产效率提高和市场风险防范面临挑战，农业发展在部门、产品、组织、技术、空间等方面都面临着结构性矛盾。因此，对农业高质量发展所面临的机遇和挑战，以及针对其实现路径的探索，我们都需要在新条件下进行重新审视。

推进农业高质量发展已经刻不容缓，本书正是基于这样的背景和思考而诞生的。本书旨在通过对重庆市长寿区农业发展的深入研究和系统分析，探索出一条适合该地区乃至全国农业高质量发展的新路径。在这个过程中，本书的关注点不只是局限于农业产量的提升和农民收入的增加，还更加重视对农业生态环境的保护和实现农业的可持续发展。

为了全面梳理和深入分析重庆市长寿区农业发展的历史与现状，本书在研究方法上采用了多学科交叉的视角，综合运用了经济学、社会学、生态学以及农业科学等多个学科的理论和方法。同时，笔者还通过实地调研、问卷调查、访谈等方式，获取了大量的第一手数据和第一手资料，为研究的深入开展提供了坚实的基础。

在研究内容上，本书从农业产业结构优化、农业生产方式转变、农业科技创新推广、农业政策支持体系完善等多个维度，对重庆市长寿区农业高质量发展的路径进行了深入探讨。通过这些研究，笔者希望能够为重庆市长寿区农业的发展提供有益的参考和借鉴，同时也能够为全国其他地区农业高质量发展提供可资借鉴的经验和模式。

本书以深入浅出、通俗易懂的方式呈现，不仅具有较强的理论性，还具有一定的针对性和可操作性，有助于相关人员深入学习和掌握中央关于推动农业高质量发展的精神实质，从而进一步增强贯彻落实中央决策部署的自觉性，以及推动重庆市长寿区农业高质量发展实践的主动性和创造性。

张吕

2024 年 2 月

目录

第一章　绪论

第一节　农业高质量发展的相关概念

本节将深入探讨高质量发展及农业高质量发展的核心理念。其中，高质量发展注重持续、稳定的经济增长，强调创新、协调、绿色、开放、共享的新发展理念；而农业高质量发展则在此基础上，专注于提升农业生产力、优化农产品结构，以实现农业的可持续繁荣。

一、高质量发展

2017 年党的十九大报告首次提出"高质量发展"新表述，同时指出"我国经济已由高速增长阶段转向高质量发展阶段"，此时我国的相关研究还停留在探索阶段和丰富阶段。早前，国外学者已对高质量发展提出定义。Montfort（2013）和 Alberto 等（2010）将"高质量发展"定义为强劲、稳定、可持续、提高生产率并带来社会满意的结果，如提高生活水平，特别是在减少贫困方面。之后，我国学者也提出了对"高质量发展"概念的看法。立足于发展的状态和结果，王锋等（2023）提出，高质量发展是基于减少生产要素的投入，减少对环境的污染，在实现经济效益的同时更加强调社会效益。余泳泽等（2021）认为，高质量发展是要打造一个全方位、多层次、高效率的产业体系，集实体经济、科技等各种资源于一体，适应经济体制改革的节奏。金碚（2018）认为，高质量发展应以满足人民不断增长的需求为核心，通过调整经济发展方式、结构和状态来实现。这一理念以新发展观为指导，注重质量第一、效益优先，旨在全面提升经济、社会各方面的发展质量。赵剑波等（2019）从产业角度对高质量发展下定义，提出高质量发展是指壮大产业的发展规模、优化产业的内外部结构、实现产业的转型升级、提高产品的质量效益。从理论出发，部分学者认为，高质量发展源于马克思主义。吕守军等（2019）认为，高质量发展应围绕"使用价值"这一核心，通过持续改进经济发展方式，提升经济体的整体价值，为人民构建更优质、更美好的生活奠定坚实的物质基础。同时，这种发展应确保社会中的每个群体都能获得全面的发展机会，从而与新发展理念达成统一。高培勇等（2019）认为，高质量发展是遵循马克思主义政治经济学的要求，是产业发展周期的一种状态，由人力资源、社会制度提供发展动力，目的是打造经济发展的比较优势，实现经济发展的规模报酬。虽然学者们没有对高质量发展形成统一的定义，但也基本形成了统一的认识。学者们普遍认同，高质量发展的核心在于经济的高质量发展，这不仅需要在宏观层面上协调政治、经济、社会和生态等多方面的发展，还需要在微观层面上提供高质量的产品和服务，以满足人们不断升级和多样化的需求。

二、农业高质量发展

当前，学术界对农业高质量发展的内涵、挑战及优化策略从不同视角进行了深入分析，对该主题的理论也有了更深刻的认识。在此基础上，学者们结合新发展理念来阐释高质量发展的含义，更加突出了新发展理念下的新要求，也进一步揭示了农业高质量发展的核心要义。具体而言，农业高质量发展的内容特点可以依据新发展理念（创新、协调、绿色、开放、共享）来理解。其中，创新是推动其发展的核心动力，协调是其稳健发展的内在需求，绿色是其持续发展的必然选择，开放是其全面进步的重要趋势，而共享则体现了全体成员共同发展的本质。

创新是驱动农业高质量发展的核心力量。农业科技进步作为推动农业高质量发展的主要动力，致力于实现从农业生产到技术的根本转变，提升农业创新基础、创新产出和创新效率，通过对农业科学技术的创新，促进农业增值，进而助推农业实现高质量、快速发展。协调是农业高质量发展的内在要求。内在协调体现了农业高质量发展的程度，既要求产业结构的协调优化，也要求改进粮食结构、巩固农业功能，以助力农业实现高质量、快速发展。绿色是农业高质量发展全过程的必然要求。在农业发展的新阶段，必须强调绿色发展，减少资源消耗和环境污染，强化农业环境保护。因此，要将农业绿色、可持续发展理念贯穿于整个农业生产过程中，以促进农业实现高质量、快速发展。开放是农业高质量发展顺应时代趋势的必然选择。随着全球一体化进程的加快，农业高质量发展需要扩大对外开放，积极应对全球资源流通和升级的挑战，要推动农业高质量发展，必须要更加优化农业的外贸水平和投资结构。共享是实现农业高质量发展的核心要义。农业高质量发展以农民为中心，致力于提高农民收入和支持农民维护权益及基本保障，通过信息技术共享、利益共享等机制，巩固提升农业发展能力和水平，确保农民共享农业发展成果。

农业不仅为人类生存提供了必需且有价值的产品，还支撑着其他部门的生产活动，它贯穿着农业产业链的所有环节，并与社会人文紧密相连。作为一个由资源、环境等多个要素相互耦合和协调发展的系统，农业生态系统在长期作用下推动了农业的显著进步。随着农业发展到一定水平，农业高质量发展成了新的追求。在这一阶段，由于经济发展水平的持续提高，广大消费者的需求也在不断增长。为满足这些需求，农业生产必须经历效率与动力的深刻变革，持续优化生产要素配置，以提高生产效率、确保生态稳定、维护良好环境、保障产品质量，并实现产能的持续增长。同时，农业高质量发展还意味着三产（农业、工业、服务业）融合将达到新的高度，形成更加紧密和高效的产业链条。这将有助于我们进一步提升农业的整体竞争力和可持续发展能力，为人类社会带来更加丰富的物质与精神财富。综上所述，本书将农业高质量发展的定义概括为秉持以创新、协调、绿色、开放、共享为核心的新发展理念，强调质量的首要地位，并以农业可持续发展为主线。这一理念要求有效统一农业技术创新、农业结构协调、农业环境绿色化、农业发展开放化、农业成果共享化等多个方面。在此过程中，注重质量提升、效率改进和动力变革，旨在提高农民的生活满意度，并不断满足人们对农业多样化的需求。这种发展方式将推动农业向更高质量、更高效益、更可持续的方向迈进。

第二节　农业高质量发展的特征

本节分析了农业高质量发展的基本特征，主要包括五个：①较高的市场化、品牌化水平；②较高的特产化、融合化水平；③较高的精确化、智能化水平；④较高的生态化、绿色化水平；⑤较高的职业化、专业化水平。

一、较高的市场化、品牌化水平

农业的首要任务是供应农产品，因此高质量发展必须优先保证所产出的农产品具有高品质。为了响应人民群众对美好生活不断增长的需要，尤其是农产品消费日益小型化、特产化、精致化和功能化的趋势，我们必须紧密跟随市场需求的变化来组织并规划生产。在确保完成国家粮食安全和口粮自给等核心任务的基础上，农业高质量发展应进一步聚焦于提升农产品质量和打造知名品牌。这需要我们充分发挥市场在资源配置中的决定性作用，将农业生产经营活动全面引入市场化轨道，并着重利用市场需求来推动农业产业的转型和升级产品功能，不断提高特色优质农产品的包装水准、产品形象、品牌影响力和市场营销能力。这样的策略，既能满足市场需求，又能实现生产者与消费者"双赢"的局面。

二、较高的特产化、融合化水平

农业高质量发展应当顺应产业发展规律及产业之间相互融合渗透的趋势，采取"以特取胜""以特增值"的策略来推动产业实现高效益发展。在此过程中，相关部门应避免盲目追求规模或千篇一律的做法，而是要充分考虑并利用各地农村的资源优势和区位特点；结合当地的自然风貌、田园景观、传统工艺和乡土文化等独特元素，因地制宜、因时制宜地发展具有差异化的特色产品和特色产业，从而培育出竞争优势。为了全面提升农业的特产化水平，相关部门需要延伸产业链、提升价值链、完善利益链，促进农业与生态、文化、旅游等产业的深度融合。这将有助于推动农产品加工业的转型升级，扩大与农业相关的产业规模，进一步壮大农村的新兴产业和新业态。通过这些举措,农业的多功能性将得到更充分的发挥,从而为农民提供持续稳定的收入来源。总的来说,农业高质量发展是一个综合性、系统性的过程,需要政府、企业和社会各界的共同努力,共同推动农业、农村和农民的全面发展和繁荣。

三、较高的精确化、智能化水平

高水平的物质装备条件以及科技赋能与知识增效已经成为推动农业高质量发展的关键要素。随着新一代信息技术和数字科技的迅猛发展,农业数字技术、智能生产管理以及精准质量溯源等在推动农业高质量发展中的作用日益凸显。21世纪以来,随着数字化、智能化的改造升级,智慧农业等创新技术已经成功运用到我国农业机械(以下简称"农机")装备,遥感、遥测、遥控等技术的进一步推广应用,也为农业高质量发展奠定了坚实的技术基础。为了进一步推动农业高质量发展,我国需要研发更好的物质装备和创新更先进的技术,大力发展精确农业、智慧农业,将打造未来农场和未来乡村作为未来农业高质量发展的主攻方向。通过上述努力,农业生产差异化、产品多元化与机械作业精确化的有机统一将成为现实,将构建起立体式、科学化的数字农业与数字乡村发展格局。这不仅会对农业生产的效率和质量的进一步提升带来积极影响,农民的生活也将更加美好,乡村也会更加繁荣,实现可持续发展。

四、较高的生态化、绿色化水平

在经济可持续发展和全面绿色转型的大背景下,优美的生态环境不仅是农业农村的宝贵财富,更是其持续发展的核心优势。因此,农业高质量发展应以绿色发展为基础,更加注重低碳循环发展的实践,以确保农业与生态环境的和谐共生。为此,我国需要严格执行环境准入标准,加大生产过程的监管力度,并明确落实相关主体责任。为实现农业高质量发展的目标,我国必须统筹规划并落实一系列政策措施。这些措施包括小流域综合治理、畜禽粪污的资源化利用、秸秆的综合利用与还田、深松整地、绿色种养循环农业的试点示范以及保护性耕作等。通过这些措施的有效整合与实施,我国能够确保资源的集中利用和力量汇聚,从而持续增加生态产品和服务供给,推动农产品的生态化转型和乡村生态资源的产品化进程。此外，实现资源的高效利用是农业高质量发展的另一个重要方面。为此，我国需要显著提高农产品的质量安全水平，并通过集成推广化肥农药减量增效等绿色农业技术和产品，不断优化农产品的品种结构和品质，这将有助于提升农业的整体效益和竞争力，同时满足消费者对高品质农产品的需求。这些努力将共同提升我国农业的可持续发展能力，为未来的繁荣奠定坚实基础。

五、较高的职业化、专业化水平

农业要实现高质量发展，必须依赖于具备高素质的农民。鉴于当前农业从业者普遍呈现的高龄化与女性化趋势，培育新型农业经营主体和新型职业农民显得尤为重要。为此，相关部门需要进一步加强对各类农业经营主体的培训，提升其文化素养水平和经营管理水平，进而构建一支既具备专业知识和技能，又富有创新精神的高素质农业经营者队伍。在农业高质量发展的进程中，规模化、法人化的经营模式将逐渐成为主导。家庭农场、农民合作社（又称"农民专业合作社"）等新型农业经营主体将发挥重要的组织作用，引领农业生产向现代化、专业化方向发展。同时，小农户也将通过接受专业化、社会化的服务，与现代农业体系实现更加紧密的结合。随着土地、资本、人才等生产要素的集约化投入，农业的专业化水平将得到持续提升。这不仅有助于我国提高农业生产效率和质量，还将为农业的高质量发展提供坚实的支撑和保障。

第三节　国内外研究现状

改革开放以来，我国不仅大力发展了社会生产力，满足了人民日益增长的需求，还为全面发展奠定了坚实基础，从而在一定程度上缓解了社会主要矛盾。在这一过程中，我们对发展形成了新的认识和判断，即物质文化产品的供给应更加注重质量，而不只是数量。我国已经进入高质量发展阶段，这一阶段不仅局限于经济领域，农业作为国民经济发展的重要基石，也正坚定走向高质量发展道路。为了深入理解农业高质量发展的路径并总结其发展内涵，我们需要系统地梳理关于高质量发展和经济高质量发展的相关理论研究。这将有助于我们更全面地认识农业高质量发展的重要性，并为未来的政策制定及实践提供有力的理论支撑。

一、国内研究现状

（一）关于农业高质量发展的研究

柯炳生（2018）认为，农业发展质量主要包含产品质量、生态质量、结构质量等方面，农业高质量发展的内涵及目标就是要实现产品好（产品品质好、产品安全性好）、生态好（解决过度垦殖问题、过度投入问题、农业废弃物处理问题）、结构好（产品结构好、区域结构好、要素结构好、组织结构好、贸易结构好），实现农业高质量发展的本质就是实现农业的全面现代化和全面落实乡村振兴战略。辛岭等（2019）分析了我国农业发展的现状，并从发展状态（绿色）、产品供给（提质增效）、生产模式（规模化）、发展布局（多元化）四个层面构建了我国农业高质量发展的综合评价体系。武甲斐（2019）在明晰太原市农业区位条件的基础上构建了农业投入与产出指标来评价农业高质量发展水平。许世卫（2019）认为，农业高质量发展是中国现代化建设的重大战略目标选择，它体现了新阶段各地区在推动农业生产高效化、施策管理科学化以及服务拓展精准化方面的重要本质和要求。夏青（2019）认为，推动农业高质量发展也绝不是对现有发展路径的小修小补，应该是推动农业来一场质量革命。许世卫（2019）指出，农业高质量发展应以绿色、低碳为内涵，是当代农业的本质体现。程士国、普友少和朱冬青（2020）认为，农业高质量发展需要技术进步、制度变迁和经济绩效三者良性互动。汪晓文、李明和胡云龙（2020）认为，新时代推进农业高质量发展，须以产业融合为引领，以绿色发展为底色，以市场导向为方向，以开放合作为推力，以机制创新为突破，多措并举整体推进。由此可见，农业高质量发展是一个系统工程，需要从多方面因素综合发力。

（二）关于农业高质量发展面临困境的研究

尽管我国农业高质量发展取得了显著成效，但在这一过程中也面临着一些现实困境，这些困境主要涉及农业本身、产业融合发展、农产品质量安全和生态环境等方面。对于农业本身而言，其长期受到传统发展观念和发展历史的制约。薛红（2018）指出，农业产业化存在小规模经营、农民整体文化素质不高以及市场质量监管力度不够大等问题。李春顶（2019）也认为，我国农业生产一直存在"小而散"的落后现象，导致中低端农产品过剩，而中高端农产品供给不足。此外，杜国明（2020）等人还指出农业经营方式存在粗放且单一、农业生产模式老旧以及农业生产效率偏低等问题。在产业融合发展方面，潘建成（2018）认为，我国农村产业发展面临着产业融合问题，这制约了我国农业的高质量发展。他指出，面对中高档农产品、绿色安全农产品日益增长的市场需求，传统的经营管理体系已经不能适应市场对农产品品质的要求。在农产品质量安全方面，钟钰（2018）指出，我国的农业资源要素被过度开发以及对农业投资增长不明显等问题都会对农业高质量发展造成不同程度的阻碍。王忠海（2018）则认为，农业高质量发展的关键是要解决好"量"和"质"的均衡问题。在生态环境方面，翟正国（2021）认为，农业经济发展的稳定与否不仅直接影响着我国农民生活质量的高低，还影响着广大人民群众食品安全等一系列问题能否得以解决。刘文静和付传雄（2022）认为，我国农村地区在发展过程中存在着一定的制约因素，特别集中在科技、劳动力、土地、生态等方面；若要实现可持续、健康的发展，我国农村地区就应当坚持走绿色发展道路、推行绿色低碳循环经济，这也是缓解资源压力，实现环境友好发展、可持续发展的重要举措。樊祖洪等（2022）以典型的喀斯特生态脆弱区贵州省为例，基于农业生态环境与农业经济发展数据，构建了农业生态系统与农业经济系统的评价指标体系。研究表明，我国农业地区应践行"生态优先、绿色发展"理念，优化生态环境与经济发展的关系，实现农业生态经济系统的高水平协调发展。韩晓佳等（2021）基于生态系统服务价值视角，尝试测度农业生态经济系统的生态潜力，发现生态脆弱区抗干扰能力较弱，农业生态经济系统生态潜力受服务价值与资源开发过程影响。综上所述，在新发展阶段，农业经济发展要向生态经济方向转型升级，科学、有效地满足农村区域内广大人民群众对于新时代美好生活的需求，通过经济的高水平发展提升人民群众的生活质量。农业生态经济发展则更加注重绿色化、低碳化发展模式，能够有效增强区域生态化绿色农产品供给能力，推动农村地区三次产业深度融合。农业生态经济的发展，能够有效保障我国农业的安全与稳定，推动我国农业农村高质量发展，实现提质增效。

（三）关于农业高质量发展实现路径的研究

寇建平（2018）提出，要严控生产地的环境质量、将生产过程进行严格的标准化、加强农业生产后废弃物的回收以及综合化利用，着力在生产、经营、监督和服务指导等方面提高农产品质量，促进农业高质量快速发展。姜松和喻卓（2019）指出，农业价值链是信息、技术、产品、资金等要素相互协同提升的综合体，实现农业农村经济高质量发展的关键是重塑农业价值链，农业生产要素、优势资源、先进技术的介入可以显著提升高附加值和农业发展效益，形成品牌效应并加速农业现代化进程。刘明月和汪三贵（2020）认为，脱贫攻坚中的产业扶贫重在发展特色产业，而乡村振兴中的产业兴旺重在高质量、高品质发展，关注长期高质量发展；产业兴旺是产业扶贫的升级版，相关部门要借助现代农业的发展来促进三次产业融合发展，拓展农业产业链来实现产业升级，丰富农户增收渠道，推动农业高质量发展。芦千文（2020）指出，"十四五"时期的农业农村优先发展要关注关键性、基础性、引领性领域的发展，要切实推进农业高质量发展，健全现代乡村产业体系。具体来说，就是要突出重点产业聚焦、产业集群成链，培育新业态、发展新模式、拓展新功能，发展以"互联网+农业"为代表的智慧农业、以"文化+农业"为代表的农业文创产业、以"旅游+农业"为代表的农业观光休闲产业、以"健康+农业"为代表的康养农业。王兴国和曲海燕（2020）指出，区别于扩大生产规模和增加要素投入的传统农业发展路径，科技创新将信息、技术、知识等要素应用于农业生产全产业链，通过质量、效益、绿色导向推进农业高质量发展。要想促进农业科技创新对农业高质量发展的推动力，其关键就在于完善农业科技创新激励机制。

总的来看，由于农业高质量发展于党的十九大被首次提出后，与其相关的研究才逐渐展开，相关文献不是太多。现有关于农业高质量发展的研究主要集中在内涵特点、发展困境、实施路径等方面，研究视角丰富多样，但是也存在整体研究相对薄弱、研究视角有待拓展、理论深度有待深化等不足。"农业高质量发展"这一概念尚未有明确的界定，学者们仅从狭义和广义两个层面对其进行了初步的定义。这表明，未来对于农业高质量发展的研究我们仍需要深入探讨其内涵，以更准确地理解和把握这一概念。此外，农业高质量发展与具体某地相结合来进行研究的文献也不多，这也为本书的写作提供了可能。

二、国外研究现状

国外学者在研究相关问题时，通常不直接使用"农业高质量发展"这一表述，而是主要围绕"agricultural theory"（农业理论）、"farmers' angle"（农民视角）以及"agri-food safety"（农产品安全）等方面进行深入探究。尽管表述方式有所不同，但其研究的目的和内涵大体上是一致的。总体来看，国外学者对这些议题的探讨主要集中在以下三个方面：

在基础相关理论研究方面，卡马耶夫（1977）在《经济增长的速度和质量》一书中对经济增长理论进行了深入的阐述。他指出，经济增长不仅关乎各种资源和因素在创造产品中的作用，更重要的是经济增长的结果不只是产量的增加，其质量方面也同样重要。因此，在经济增长的内涵中，除了包括生产资源的增加和产出量的提升外，还应包括生产资料利用率的提高、产品质量的改善以及消费品消费效应的提升等方面。关于经济发展与经济增长之间的关系，卡马耶夫认为，经济增长是经济发展的基础和前提，而经济发展则是经济增长的结果。然而，随着时间的推移，经济增长与经济发展完全分开的关系状况已经发生了改变。在理论和实践的发展中，两者逐渐趋于融合，相互依存，共同推动经济社会的进步。

从生产力和标准化的角度来看，技术因素对农业高质量发展的影响越来越显著。21世纪以来，国外在农业技术和农业相关领域的理论和成果不断涌现。Mwangi 和 Kariuki（2015）强调，农业技术的广泛应用能够显著提高粮食作物的产量，从而保障粮食安全并促进农业的整体发展。Mwalupaso（2019）的研究结果也显示，利用可持续农业技术可以为农业发展注入新的动力。其以撒哈拉南部非洲的稻米为例，新技术的引入使得生产效率提高了17%，同时降低了4.8%的农业废料，从而显著改善了农业的可持续生产率。这些研究成果表明，技术在推动农业高质量发展方面发挥着至关重要的作用。

从农民的角度出发，国外众多学者深入探讨了提高农业生产率、产业结构升级与提升农民素质之间的紧密联系，并就此进行了重要性及方法的探索。舒尔茨（1990）强调，通过加大对农村劳动力资本的投入力度，可以有效提升农民的素质、技能和技术水平，进而推动农业增产、增效，并助力农业从传统型向现代化的顺利转型。Paltasingh 和 Goyari（2018）以印度稻米栽培为例，运用内生转换回归模型进行研究，结果揭示了一个现象：农民的知识水平受限不仅会对稻米的品种选择产生不利影响，还会对最终产量造成一定的负面效应。这一发现与舒尔茨的假设不谋而合，进一步印证了提升农民素质在农业发展中的关键作用。

　　综上所述，国外学者在生产力提升、农民素质提高以及农产品质量安全等方面进行了深入的研究，并在农业实践中不断完善应用。这些研究显著改善了当地的农业生产状况和农业生态环境，进而提升了农产品品质，增强了农业的竞争力。为了推进农业高质量发展，我们可以从国外先进的农产品生产标准中汲取经验。总体而言，国外学者在质量兴农方面已经取得了丰硕的研究成果，并在某些领域形成了较为成熟和细化的理论体系。例如，有关农产品质量管理、农产品质量追溯以及农业生产力的提升等方面的研究成果，为农业高质量发展提供了有益的参考。然而，需要注意的是，国外学者对于农业高质量发展的认识仍局限于质量兴农的狭小范畴内，缺乏系统性和深入的研究。因此，在未来的研究中，我们需要更加全面地探讨农业高质量发展的内涵和外延。

第二章 农业高质量发展提出的
依据、背景及其重要意义

第一节 农业高质量发展提出的依据

农业高质量发展提出的依据主要包括三个方面：农业基础水平不高，农业发展的结构性矛盾突出；资源分配不均，农村发展仍需协调推进；农民收入渐增，综合素质仍需不断提高。

一、农业基础水平不高，农业发展的结构性矛盾突出

农业的发展状况不仅关乎农民的整体幸福指数，更牵动着整个国家的温饱问题。自改革开放以来，特别是党的十八大以来，我国农业在政策的大力扶持下取得了显著的发展。然而，历史原因造成的底子薄、根基差等问题的存在，使得我国农业发展仍然面临诸多瓶颈。其中，粮食安全形势严峻、耕地保护压力渐增、农业发展的结构性矛盾突出等因素都在一定程度上制约了我国农业的跨越式发展。

（一）粮食安全形势严峻

我国拥有 14 亿多的人口，然而地理环境复杂，山地丘陵占据了大部分土地，使得适合规模农业生产的大平原面积相对有限，整体来看耕地资源显得尤为稀缺。当一些优质耕地被转为商业用地时，对粮食生产的冲击是巨大的。耕地的日益减少给粮食供给带来了巨大压力，而人口的逐渐增长则导致粮食需求不断增加，这两者之间的矛盾日益突出。从国家粮食生产的整体来看，一些地区的农业基础设施尚不完善，这使得农民在抗击自然

灾害时的能力非常有限，农业生产依然在很大程度上"靠天吃饭"。在某些特殊年份，一些不可抗拒的因素可能导致粮食减产，进而推高粮价，这不可避免地会影响到低收入人群的购买能力。当前，尽管国家已经实施了一系列"惠农""富农"政策，如粮食补贴、种地补贴等，但农业生产成本的不断上升以及农村年轻劳动力的外出打工潮，都使得粮食供给安全问题变得更为严峻。这些因素相互交织，共同影响着我国的粮食安全和农业发展。

（二）耕地保护压力渐增

随着我国城市化进程的逐步推进，农村的一些优质耕地逐渐被商业化用地所取代，导致耕地面积不断减少。同时，由于化肥的过度使用，原有耕地土壤受到破坏，使得耕地的保护面临双重压力。尽管我国耕地面积达到 150.4 万平方千米，位列世界第三，但这一面积仅占国土面积的16.13%。值得注意的是，2017 年我国有效耕地面积为 10.17 亿亩（1 亩≈666.67 平方米，下同），且近年来这一数字呈现稳步提升的趋势。保护耕地对于稳定粮食供给、确保粮食安全具有重大意义，正如习近平总书记强调的，保护耕地要像保护文物那样来做，甚至要像保护大熊猫那样来做；耕地红线一定要守住，千万不能突破，也不能变通突破；农田就是农田，只能用来发展种植业特别是粮食生产，要落实最严格的耕地保护制度，加强用途管制，规范占补平衡，强化土地流转用途监管，推进撂荒地①利用，坚决遏制耕地"非农化"、基本农田"非粮化"；等等。从制度层面来看，当前土地制度导致土地零碎化现象严重，这不仅阻碍了农业经营的集约化发展和产业化发展，也在一定程度上制约了农民的积极性。尽管中央现已允许土地进行合理流转，但地理环境等因素导致的耕地细碎化②问题，流转后的

---

① 撂荒地是一种常见于方言中的词语，意指经过耕种后，由于肥力下降而荒废的土地。对于撂荒地的处理，各地采取了多种措施促进农业生产发展，包括但不限于实施宜机化整治，完善耕地配套基础设施，改善撂荒地耕种条件；通过"机械换人"加强社会化服务，解决劳动力缺乏的问题；采用"虚拟确权"方法，破解"插花式"撂荒问题，促进土地集中经营；加大扶持力度，特别是在农业基础设施建设和高标准农田建设方面；通过土地流转政策，农民合作社进行集中整治、经营，解决缺劳力和散户复垦种植效益低导致的撂荒问题；培育农业社会化服务组织，提升农机社会化服务水平，确保撂荒地整治成效；等等。

② 耕地细碎化是指耕地的分布和利用呈现出小块、分散的状态，这种现象在我国的农业环境中尤为明显，具体表现为农户在农业生产过程中所经营的土地块数多、单个土地块数面积小且存在差异等特点。耕地细碎化的实质是农地产权的细碎化，造成这种细碎化的初始原因是改革开放后农村土地初始配置的强公平性诉求。耕地细碎化问题不仅影响农业生产率，降低粮食生产的规模效应和农业生产技术效率，还可能导致土地资源低效利用，如撂荒、季节性抛荒等现象的出现。

土地仍然难以形成规模经营，从而限制了规模经营优势的发挥。

（三）农业发展的结构性矛盾突出

随着农业产量的增加，提高供给质量已成为农业发展的核心。目前，我国农业生产稳步增长，基本满足了居民生产生活的整体需求。然而，部分农产品仍依赖进口，如大豆的生产缺口和牛奶的生产质量难以满足市场需求，这对我国农业安全构成了一定压力。民以食为天，农产品产量虽持续增长，但优质农产品的供应量却相对不足。随着生活水平的提高，消费者对高质量产品的追求日益增强，市场上对安全绿色农产品的青睐从不断增长的非转基因农产品进口量中可见一斑。

我国农产品供给结构与市场需求之间还存在一定的差距，优质农产品的供给质量还有待提升，这就导致了供求矛盾的持续存在。与此同时，近年来农资①价格和劳动力成本的上涨趋势也迫切要求我国农业结构进行不断优化升级，以更好地适应市场需求的变化。然而，我国大多数农村地区仍然以小农户生产为主，这使得农业的规模化经营和集约化生产难以实现。由于农业收益受自然因素影响较大，收入的不稳定性导致了大量农村人口选择外出务工，这不仅降低了农业生产用地的产出率，也对现代农业的发展构成了不利因素。此外，农业劳动者的科学文化素质相对较低，这也是制约农业发展的一个重要因素。由于大量年轻劳动力外出打工，长居农村的人口年龄构成逐渐呈现两极分化，我国农民群体中以年龄较大者居多，他们的文化素质普遍不高。这使得农民在接受先进农业设备时存在困难，先进农业科技在农村的普及也因此受到阻碍。在乡村振兴过程中，相关部门尽管加大了对农民的培训力度，但由于认知水平普遍不高，农民往往容易出现积极性不高和应付差事的现象。这些问题的存在，无疑对我国农业的持续发展和乡村振兴战略的实施构成了严峻的挑战。

二、资源分配不均，农村发展仍需协调推进

自改革开放以来，我国农村虽然得到了迅速的发展，且政策扶持力度逐年加大，但从整体发展现状来看，农村仍然是社会发展的短板。在城乡发展关系上，城市与农村之间出现了脱节现象，两者之间的差距越来

---

① 农资即农用物资，一般是指在农业生产过程中用以改变和影响劳动对象的物质资料和物质条件。

大。从资源分配的角度来看，农村由于自身处于弱势地位，往往难以吸引到足够的资金和资源，特别是在基础教育等领域，优质师资力量匮乏，进一步制约了农村的发展。此外，农村生态环境也面临严峻挑战。在发展过程中，乱砍滥伐、大剂量使用化肥等以牺牲环境为代价换取经济效益的不正当行为时有发生，这不仅损害了农村的生态环境，也影响了农村的可持续发展。

（一）城乡二元结构矛盾仍需协调解决

要改善农村相对落后的发展现状，既需要城市的带动作用，也离不开优质企业的引领。多年来，我国一直秉持着"以工促农、以城带乡"的政策思路。然而，由于一系列因素的制约，许多地区特别是西部偏远山区及乡村，农业生产仍然停留在传统的方式上。与此同时，城市的发展日趋完善，所面临的阻力相对较小，这导致城乡之间在经济、文化、基础设施等方面的差距逐渐拉大，甚至出现了对立的现象。城乡二元结构是我国城乡发展不协调的核心问题，再加上资源分配的不均衡，严重阻碍了我国经济的全面协调发展。

（二）农业矛盾形式发生根本性变化

社会主要矛盾存在于社会历史全过程，且矛盾的表现形式和具体内容也会随着历史的变迁而变化，它更像是所处时代社会发展的一面镜子。党的十九大报告明确指出，当前中国特色社会主义进入了新时代，我国社会主要矛盾已经转化为人民日益增长的美好生活需要和不平衡不充分的发展之间的矛盾。这一重大论断的产生和提出，深刻揭示了我国社会主要矛盾所发生的历史性转变。

一方面，随着时代的发展和社会的进步，人民对于美好生活的向往有了更高的需求，除了有对基本的物质文化生活的需求，同时也有对民主、法治、公平、正义、安全、环境等方面的需要。如果说过去我们所要集中力量解决的主要问题是"量"的合理增长，那么新时代则要聚焦实现"质"的稳步提升。另一方面，发展的不平衡不充分问题日趋突出，严重制约着人民日益增长的美好生活需要。进入新时代以来，存在的最大不平衡是城乡发展的不平衡，最大的不充分是农村发展的不充分，尤其是反映在农业现代化程度较低，农业基础比较薄弱；农民收入结构单一，增收困难；农村基础设施不够完善；生态环境较为严峻；发展潜力没有得到充分释放等一系列亟待解决和改善的问题上。

三、农民收入渐增，综合素质仍需不断提高

21世纪以来，"三农"问题的重要性在我国日益凸显，为此，国家投入了大量的人力、财力和物力。特别是在党的十八大以后，这一问题更是被视为全党工作的重中之重。在中国共产党的有力领导下，农业、农村、农民问题得到了显著改善：农业产量与质量双提升，对农村经济的拉动作用日益显著；农民收入稳步增长，文化生活更加丰富；农业社会化服务体系不断完善，生态条件也得到了有效改善。

"三农"问题的复杂性和阶段性意味着在中国特色社会主义发展过程中会不断出现新的挑战，农业现代化水平仍需提升，美丽乡村建设有待深化，农民收入水平还有待进一步提高。随着中国特色社会主义进入新的发展阶段，"三农"工作面临着一系列新的问题和挑战，这些问题涉及农村的政治、经济、文化、社会和生态等多个层面。在政治层面，农民的政治参与度还有待提升，农村基层党组织的能力建设亟须加强。在经济层面，农村经济发展相对滞后，农民收入主要依赖于农业种植，来源单一且水平较低，与城市居民的收入差距逐渐拉大，产业体系需要进一步完善。在文化层面，农村文化生活相较于城市显得单调，农村特有的文化在逐渐衰退，对传统文化的重视仍需加强。在社会层面，农村基本公共服务体系和服务水平与城市相比仍有差距，个别地区的基本公共服务设施还存在"面子工程"现象。要杜绝此类现象的发生，相关部门就要对其进行持续的管理和维护。在生态层面，农村生态环境问题严峻，特别是农业农村的污水处理问题亟待解决。这些新的问题和挑战对农业农村现代化进程构成了严重阻碍，迫切需要"三农"理论为相关工作的开展提供理论指导和实践指引。

第二节　农业高质量发展提出的背景

我国社会的主要矛盾已经转变为人民日益增长的美好生活需要和不平衡不充分的发展之间的矛盾，为了解决这一核心矛盾，我国必须依赖于高质量的发展路径。正如党的十九大报告所强调的，我国的经济已经从高速

增长阶段过渡到了高质量发展阶段。在这一转变中，我们必须坚持质量第一、效益优先的原则，以推动经济发展实现质量上的变革。农业作为国民经济的基石，同样需要适应并紧跟这一发展趋势，努力向高质量发展的新阶段迈进。

一、农业到了新旧动能转换的全面推进期

长期以来，为满足国内庞大的农产品消费需求，我国农业生产持续高速运转，不断从土地中榨取产量。这种努力带来了显著的成果：主要农产品的产出全线飘红，从"总量紧平衡、品种间调剂"逐渐转变为"总量平衡、丰年有余"，甚至在某些方面出现了结构性过剩。这样的成就，无疑是我们依靠自身力量稳定地解决了人民群众吃饭问题的有力证明。

然而，这一过程也暴露出两个问题。首先，农业的高产离不开对农业资源的过度开发利用。以化肥为例，我国每公顷（1 公顷 = 10 000 平方米，下同）的化肥用量高达世界平均水平的 2.7 倍，但化肥的利用率却不足 40%。2017 年，我国三大粮食作物——水稻、玉米、小麦的化肥利用率仅为 37.8%。这意味着大量的化肥未被作物吸收就被冲入地下，对土壤的营养平衡造成了影响。在资源环境约束日趋紧张的背景下，依赖外延式扩展的空间已经越来越小。其次，农业资本的投入增长显著。在新常态之前，农业投资额从 2003 年的 534.8 亿元激增至 2014 年的 14 697 亿元，增长了 26 倍多。农业投资在全社会固定资产投资额中的比重也从 0.96% 上升至 2.9%，到 2015 年已基本超过 3%。大量社会资本的涌入确实保障了农业产出的提高，但也在一定程度上导致了农业产能过剩的问题。正如有专家所言，农业已经进入了过剩周期。农业产出如果不能及时被市场消化，就是对资源的极大浪费。面对这样的挑战，我们需要认识到农业产出可能会出现台阶式的下降或保持稳定。但更重要的是，我们需要在质量上实现新的突破，优化产业结构，提升发展质量。只有这样，我国才能加快从增产型效益向质量型效益的转变，实现农业的永续发展。

随着我国经济迈入"新常态"，经济结构正持续进行优化升级。在这一进程中，农业发展结构也将迎来不断的优化与升级。我国将大力发展绿色农业、生态农业和休闲农业，推动三次产业的深度融合。通过逐步形成集约化、规模化的农业产业链，旨在做强第一产业、做优第二产业、做活

第三产业，这正是我国对农业现代化发展的核心要求。

二、消费主权确定的增产导向转为提质导向

党的十九大报告指出，我国社会主要矛盾已经转化为人民日益增长的美好生活需要和不平衡不充分的发展之间的矛盾。从发展的层级和质量角度来看，不充分主要体现在我国农业和农村产业发展质量效益不高，以及有效供给不能适应市场需求变化的问题上。具体而言，现有的供给体系尚不能完全满足居民从吃饱、吃好向吃得健康、营养转型的需求，许多产品仍停留在价值链的中低端。2022年，我国人均GDP（国内生产总值）已达到12 741美元，这标志着居民消费需求的内涵正在大幅扩展，需求层次也在不断提升。人们对多样化、个性化的商品和服务的需求，以及对个人全面发展和社会全面进步的期望都在不断增加。在当前的买方市场条件下，消费者居于主导地位和支配地位。生产者必须根据消费者的社会选择来完成生产，只有当供给最大限度地符合需求时，消费者才能得到最大的满足，生产者才能获得最大的盈余，资源也才能得到有效的配置。因此，在这个消费者主权的时代，我们迫切需要尽快提高农产品的品质。农业生产的主要目标应从追求产量转向谋求质量，在更高水平上实现供需平衡，以更好地适应消费结构的升级需求。为此，加强农业科技创新、尽快提升农产品品质成了一项紧迫的任务。

随着工业化、城镇化的不断推进，农村空心化现象日益凸显，劳动力资源持续向城市流动。这种趋势不仅导致了地区资源配置的失衡，还引发了大城市的环境污染严重、人口密度过高以及交通拥堵等问题。因此，推进城乡一体化发展的紧迫性愈发突出。回顾历史，20世纪80年代初，我国农村实施了家庭联产承包责任制，这一举措极大地激发了亿万农民的生产热情。然而，随着中国特色社会主义进入新时代，我国社会的主要矛盾也发生了转变。在新的历史背景下，传统的家庭经营模式开始面临新的挑战。为了使生产关系更好地适应生产力的发展，我们必须对经营体制进行创新。农业的高质量发展为我国构建新型农业经营体系、产业体系和生产体系提供了契机。特别是通过实施"三权并置"的举措，我国为农村的经营关系指明了新的发展方向，有助于解决当前面临的诸多问题，推动城乡协调发展。

三、国外低价挤压倒逼农产品竞争力提升

虽然我国农业生产可以满足国内总体需求，但是部分农产品结构性短缺已成常态，一些农产品长期依赖进口，对我国农业安全造成威胁。随着我国经济发展水平的不断提高，我国居民的收入也在不断增加，对农产品的质量和食品安全的要求也就越来越高，因此深化农业供给侧结构性改革的任务越来越繁重。随着劳动力、土地、农资等生产要素成本的上升以及环境成本和质量安全成本的显性化，我国农业生产成本正处于快速上升阶段。与此同时，我国与主要出口国相比，竞争力差距正在不断扩大。实际上，我国的粮食产品生产成本已经全面高于美国，其中人工成本高出6~25倍，土地成本高出10%~130%。面对这种不断攀升的农业生产成本"地板"、接近极限的补贴政策"天花板"以及农产品国内外价差的压力，我国生产的农产品难以实现随行就市、顺价销售。这种价格和成本的双重挤压，在一定程度上导致了我国"高产量、高库存、高进口"的困境。这种不可持续的发展状态清晰地表明，我国农业结构仍存在不合理之处，缺乏竞争力。发达国家对生物技术的垄断程度远高于对农产品的垄断程度，一些跨国公司已经开始将大量转基因种子及产品打入我国市场，由此增强了我国对发达国家粮食种子、农产品的依赖程度，同时也加剧了我国粮食安全问题，提高了我国农业科研的成本和风险。

农产品竞争力主要体现在两个层面：一是同质产品的价格或成本竞争力；二是产品质量差异所带来的额外福利或优势。为了提升这种竞争力，我们需要双管齐下。首先，我们必须充分发挥市场在资源配置中的决定性作用。这意味着农业产出必须遵循价值规律，实现合理生产。通过市场的引导，农业生产可以更加精准地对接消费需求、优化资源配置、降低成本，从而提高价格竞争力。其次，我们需要加快调整农业科技创新的方向和重点；围绕技术创新需求，协同各方农业科技力量进行联合攻关，努力突破制约现代农业发展的重大技术瓶颈；通过科技引领，推动传统农业产业的转型升级，拓展农业在经济、生态、文化等多方面的功能。这将有助于促进农业产业链条的延伸，加深与第二、第三产业的融合，从而提升农产品的品质和综合竞争力。

四、实现中国式现代化奋斗目标的现实驱动

党的十八大以来，习近平总书记高度重视农业强国建设，多次强调"强国必先强农，农强方能国强"。没有农业强国就没有整个现代化强国；没有农业农村现代化，社会主义现代化就是不全面的。在实现中国式现代化的新征程上，党和国家最艰巨、最繁重的任务仍然在农村。因此，我们必须坚持农业农村优先发展的总方针，加快推进农业农村现代化发展，推动我国由农业大国向农业强国迈进。

从中国式现代化的进程来看，农业现代化是实现中国式现代化的重要组成部分。在此进程中，如何正确、有效地处理和解决工农、城乡关系对于中国式现代化的实现尤为关键。近年来，尽管我国在"三农"工作方面取得了许多新的历史性成就，但农业农村发展的基础条件仍然相对薄弱，城乡区域发展和城乡居民收入差距仍然较大，农业现代化仍然是明显的"短板"。因此，我们迫切需要结合中国实际，深入探索和加深对"三农"工作规律性的认识，并在中国式现代化的大局中加快建设农业强国、加速推进农业农村现代化。

从中国式现代化的特征来看，第一，中国式现代化是人口规模巨大的现代化。中国现有14亿多人口，确保国家粮食安全极为重要，这就必须要着力提高农业综合生产能力，牢牢守住18亿亩耕地红线，筑牢粮食安全根基，方能确保中国人的饭碗牢牢端在自己手中。第二，中国式现代化是全体人民共同富裕的现代化。这就需要推动改革发展成果惠及全体人民，切实增加农民群众的收入，日子越过越红火，实现全民共同富裕，不断满足全体人民对美好生活的现实需要。第三，中国式现代化是物质文明和精神文明相协调的现代化。物质文明和精神文明的协调发展是社会全面进步的基础和前提，只有不断提高全体人民的物质生活水平和精神生活水平，才能实现人和社会的全面发展。第四，中国式现代化是人与自然和谐共生的现代化。这就要求必须正确处理好经济生产发展和生态环境保护的关系，坚决摒弃"先污染、后治理"的农业农村发展模式，要将农业建设成绿色产业，要将乡村建设成宜居之地，实现人与自然的和谐共生。第五，中国式现代化是走和平发展道路的现代化。要想走和平发展之路，就必须加快建设农业强国，这是由农业的基础性地位决定的。

放眼全球，所有实现了现代化并拥有较大经济体量和人口数量的国家，都是农业强国。在当前复杂多变的时代背景下，建设农业强国对于我国的发展与安全具有特殊且重要的意义。因此，为实现中国式现代化的奋斗目标，我国的"三农"工作必须建立在科学思想理论的指导之上，紧密结合时代背景，以引领农业高质量发展，最终实现建设农业强国的宏伟目标。

第三节　农业高质量发展的重要意义

农业高质量发展具有重要意义，其既是推动乡村振兴的行动指南，也是推动构建"双循环"新发展格局的重要支撑；其既有利于"四化"同步发展，也为广大发展中国家解决"三农"问题提供理论借鉴。

一、推动乡村振兴的行动指南

在中华民族从"站起来"到"富起来"再到"强起来"的历史进程中，农业问题始终占据重要地位。为了解决农业、农村、农民的问题，中国共产党历届领导人都提出了相应的对策，并出台了众多的"三农"政策。在中国共产党的持续努力下，"农村美、农业强、农民富"的美好愿景正逐步变为现实。面对"三农"工作中的挑战，党中央提出了一系列新的思想和论断，这些思想和论断为推进"三农"工作提供了行动指南。每个时代有每个时代的问题，我们认识世界和改造世界的过程，就是发现问题、解决问题的过程。党的十八大以来，以习近平同志为核心的党中央坚持把解决好"三农"问题作为全党工作的重中之重，启动实施乡村振兴战略，推动农业农村取得历史性成就、发生历史性变革。习近平总书记关于"三农"工作的重要论述，立意高远，内涵丰富，思想深刻，对于做好新时代的"三农"工作，举全党全社会之力推动乡村振兴，促进农业高质高效、乡村宜居宜业、农民富裕富足，书写中华民族伟大复兴的"三农"新篇章，具有十分重要的指导意义。这一系列新思想、新论断和重要论述，已经形成了推进"三农"工作的理论指导体系。在这一理论指导体系的指引下，我们有信心和决心进一步推动"三农"工作的落实，为实现农村全面发展和农民持续增收贡献力量。

随着时代的发展，"三农"工作在推进的过程中仍然会遇到新问题和新挑战。比如，农业现代化水平较低，农业的产业结构不合理；农村"空心化"问题显现，农村的精神文明建设不够；农民的收入问题亟待解决，农民整体文化水平有待提高。当前，"三农"工作的重心正逐步转向全面推进乡村振兴，以适应新时代的需求。在这一背景下，"十四五"时期将继续以习近平总书记关于"三农"工作的重要论述为理论指导，着力解决农业、农村、农民面临的实际问题。我们将坚定不移地坚持这一理论指导地位，努力破解"三农"发展中的难题，全面推进乡村振兴，以实现农村全面发展和农业农村现代化。

实施乡村振兴战略的基础是产业振兴。对农村来说，产业不仅包括农业，还包括农产品加工业、农业服务业等各类产业。但是从根本上说，农业仍然是基础，农业强不强，农业发达不发达，直接关系着其他产业的生存与发展空间。因此，推进农业高质量发展，聚集更多优势要素向农业领域倾斜，不仅能够有效提升农业发展效益和现代化水平，而且可以不断提升竞争力，吸引更多人才投入农业农村发展中来，为全面实施乡村振兴战略注入源源不断的活力。

二、推动构建"双循环"新发展格局的重要支撑

党的十九届五中全会提出，要加快形成以国内大循环为主体、国内国际双循环相互促进的新发展格局，而"构建新发展格局，潜力后劲在'三农'"。在习近平总书记关于"三农"工作重要论述的指导下，我国"三农"市场的发展潜力正在逐步得到挖掘和利用，但农村地区仍然存在大量未被开发的发展潜能。考虑到我国农村人口数量庞大且地域分布广泛，其构成了一个巨大的消费市场，有着广泛而多样化的需求。通过深化改革，我们可以进一步激发农村内需，提升农民的消费水平，进而将农村培育成国内大循环的一个重要支柱。同时，农业现代化的不断推进和美丽乡村建设的持续深入，不仅将有力促进农业农村的全面发展，还将为构建国内国际双循环新发展格局提供广阔的空间和机遇。习近平总书记在关于"三农"工作的重要论述中提出"推进县域内城乡融合发展"，城乡融合发展能有效地提高供给质量，同时将扩大城市、乡村两方面的需求，激发广阔的市场潜

力，为畅通城乡经济循环提供有利条件，为国内大循环的发展提供市场机遇，农村市场将迎来政策红利，这无疑将带动农村经济的发展，进一步激发市场潜力，为农村地区增添更多发展活力。

农业是我国国民经济体系中的三大产业之一，具有至关重要的地位。随着中国特色社会主义进入新时代，我国的经济发展已经从追求数量和速度转变为追求质量和效益。作为国民经济的重要组成部分，农业经济推进供给侧结构性改革、实现高质量发展已刻不容缓。因此，我们必须加快农业现代化的步伐，提高农业生产效率和质量，促进农业可持续发展，为国民经济的稳定增长做出更大的贡献。虽然说我国农业现代化水平不断提高，但是与高质量发展的要求相比，农业效益不高、发展粗放、供给结构不优、对经济增长贡献率低等差距依然存在。只有不断提高农业现代化水平，实现农业高质量发展，才能保证我国现代化经济体系更加富有弹性及活力，从而从根本上保证我国经济高质量发展。

三、有利于"四化"同步发展

党的十八大明确提出了坚持走工业化、信息化、城镇化和农业现代化"四化"同步发展的道路。随着工业化、信息化和城镇化的飞速发展，农业现代化已成为国家现代化建设中的薄弱环节。为了补齐这一短板，党的十八大明确了农业现代化在国家现代化建设中的重要地位，并理顺了其与工业化、城镇化和信息化之间的关系。有力推动"四化"同步发展，不仅能够加快国家现代化的进程，还能确保这一进程更加完整、全面和牢固。

为了推动农业现代化的进程，党中央提出要以农业产业、生产和经营体系为核心，大力发展科学技术，为农业现代化提供坚实的技术支持。通过持续的科技创新，我国农业技术转化率和科技进步率逐年攀升，与发达国家的差距逐渐缩小。机械化、信息化和标准化的推进，显著提升了我国农业的综合生产能力。同时，智慧农业和数字农业的发展，以及农业数据调查分析系统的建设，使农民能够实时监测并分析农业生产情况，为科学决策提供了有力支撑。党中央还鼓励农业延长产业链条，进行深层次开发，为农业现代化注入新动能，有效弥补了我国农业在发展过程中的不足；强调要加快构建新型城乡关系，推动城乡统筹发展，促进城乡之间的互动融合，从而实现城乡生产要素之间的双向流动。城市的人力、科技、资金和政策等先进生产要素流向农村，为农业农村现代化建设提供了有力支持；同时，农村剩余劳动力流向城市，也为城市发展注入了新的活力。这一系列举措共同推动了我国农业现代化的稳步前进。新时代，我国工业化、城镇化建设对我国现代化建设的作用越来越大。推进农业现代化发展，就是要通过城市乡村、工业农业协同发展，资源互补，统筹推进，这使得农业现代化建设与"四化"发展同步。因此，农业高质量发展对开启全面建成社会现代化强国新征程具有重要意义。

四、为广大发展中国家解决"三农"问题提供理论借鉴

当今世界大多数发展中国家同中国一样，面临着实现现代化的问题，而通常情况下这些国家农业现代化问题相比中国要严重许多。这也是经济全球化时代，国际竞争加剧所带来的影响之一。在实现农业现代化方面，由于发展农业技术难度大，大多数发展中国家还缺乏足够的人力、物力和财力进行农业现代化建设，甚至还有一些发展中国家并没有实现农业现代化的条件。即便是发达国家，在农业现代化的过程中也遭遇了不少问题。有鉴于此，发展中国家要实现农业现代化还任重道远。

中国作为世界上最大的发展中国家，在推进农业现代化的进程中，较早地进行了农业现代化建设道路探索，通过不断的探索和实践，取得了一定的成效并积累了诸多经验。中国共产党带领人民群众致富的过程中，始终坚持以人民为中心的思想，以农业为基础、工业反哺农业的举措，城乡发展一体化的思想，并与我国农业发展实际相结合，形成了具有鲜明特色的中国化马克思主义农业现代化思想。这一系列思想不仅为我国的农业现代化建设提供了指导，加快了我国农业现代化建设的进程，也为其他发展中国家实现农业现代化提供了理论与实践上的有益借鉴。这也是我国积极主动承担国际责任，为世界发展做出的独特贡献，具有重要的时代价值。

第三章 农业高质量发展的理论基础

作为深度推进农业经济发展的重要尝试，农业高质量发展需要大量经济学理论做研究支撑。结合农业高质量发展的相关理论分析可以得到新的思路，有助于我们更加科学、客观地探讨问题和分析问题。

第一节 马克思主义农业现代化理论

本节主要从形成背景、主要内容、学术评价三个方面进行分析，从而更好地理解马克思主义农业现代化理论的重要作用。

一、形成背景

唯物辩证法中的量变质变规律揭示了一个深刻的哲理：当量变达到一定的临界点时，只有及时抓住时机促成质变，才能实现事物的飞跃和发展。这一规律不仅符合唯物辩证法的基本原理，也体现了经济发展的内在逻辑。无论是农业、工业还是服务业，要实现产业转型升级，都必须从过度依赖增量转向注重提升质量。

在农业领域，马克思主义农业现代化理论为我们提供了宝贵的指导。这一理论的奠基人是马克思和恩格斯，他们以马克思主义的基本原理为基础，深入研究了农业的基础地位、农业现代化、农业合作社以及城乡关系等多个方面。这一理论不仅深刻阐述了人类社会农业发展的基本规律，也为广大发展中国家特别是社会主义国家的农业发展指明了方向。马克思和恩格斯强调，农业在人类社会稳定发展的过程中占据基础性地位。这是因为人类生存发展的最基本需求是对食物的需求，而农业正是满足这一需求的关键所在。因此，我们必须高度重视农业的发展，不断推动农业现代化进程，提高农业生产的效率和质量，以满足人民群众对美好生活的向往。资产阶级工业革命极大地提升了生产效率，对于工业化时代的农业发展，马克思认为，农机和科学的运用，将使得小规模农业经营成为过时的经营方式，小土地经济终将被大土地所有制替代。

二、主要内容

马克思和恩格斯对农业现代化的论述可以概括为三个方面：①在农业领域内实现商品经济的过程即农业现代化过程。传统农业生产力水平低下，是一种自给自足的自然经济，在工业革命之后，农业生产才出现了区域性分工和专业化分工，同时也出现了市场竞争并不断加剧，商品经济深刻影响了农业发展。②传统小农经济被现代大农业生产取代是通过农业领域的工业化来实现的。机器大工业革命最先是在城市工业部门进行，后来进入农业领域，并引发了农业革命浪潮。"在农业领域内，就消灭旧社会的堡垒——'农民'，并代之以雇佣工人来说，大工业起了最革命的作用。""最墨守成规和最不合理的经营，被科学在工艺上的自觉应用代替了。"③农业资本化、企业化经营推动了资本主义国家现代农业生产方式的形成。马克思指出，农产品商品化经营催生了一个新的阶级——农业资本家阶级，他们主要由大土地所有者或大佃农转变而来。为了提高农业生产利润率，这些农业资本家积极推进农业生产的机械化和协作化，从而显著提高了农业劳动生产效率。通过这些措施，他们实现了资本的积累。

三、学术评价

中共历代领导人结合中国国情进行了成果丰富的理论创新，虽然侧重点各有不同，但是总的来说都强调了机械化、科技进步等在农业现代化进程中的关键性作用。党的十八大以来，党中央深刻认识到了农业发展中的问题和挑战，提出要实现农业现代化与信息化、工业化和城镇化同步发展。因此，我们必须以系统性思维为其提供有力支撑；强调农业规模经营和农业科技水平的提升是农业发展的关键抓手；通过农村土地制度改革和农业供给侧结构性改革进一步推动农业现代化进程。坚持马克思主义现代化理论，就意味着持续巩固并发挥农业的基础性支撑作用。农业不仅能促进工业发展、推动城市经济增长，还能有效增加农民收入。因此，我们应充分发挥农业的多重功能，为推进农业高质量发展提供坚实支撑。

第二节　改造传统农业理论

本节主要从形成背景、主要内容、学术评价三个方面进行分析，从而更好地理解改造传统农业理论对农业高质量发展产生的重要作用。

一、形成背景

20世纪50年代早期，多数经济学家坚持要大力发展国家工业，他们认为，唯有将工业摆在核心位置才有可能使一个国家的经济得到更快、更好的发展，所以应当坚持以工业为本的发展战略。同时，多数经济学家又对农业保持着漠不关心的态度，他们认为，农业最多也只是为工业的前进、经济的推动提供一些人力资源或者开拓一小部分市场，所以农业的地位并不高。基于这一原因，有很大一部分发展中国家将工业的发展摆在了首位，将农业的发展抛之脑后，有的国家甚至以农业为代价，助推工业进步。一直到20世纪50年代中期，那些以工业为核心的发展中国家产生了很多问题，暴露了发展战略的弊端。这主要表现为这些国家虽然在工业方面取得了较高的增长率，但是其经济发展却没有质的飞跃，人们的生活水平也停滞不前。基于此，经济学家们开始反思以往以工业为主的战略是否合适，并开始尝试将发展重心回归农业。西奥多·威廉·舒尔茨是一名美国的经济学家，同时也兼任芝加哥大学的教授，他在这一期间发表了著作《改造传统农业》，随后该书成为世界各个发展中国家的农业发展指南。

二、主要内容

进入20世纪50年代后，多数经济学家则认为农业难以真正推动经济发展，所以在大量研究基础上，舒尔茨基于此背景提出了改造传统农业理论，其对传统农业生产要素分配效率不足以及隐性事业理论秉持反对态度。在舒尔茨看来，发展中国家的传统农业之所以无法满足经济增长的支撑要求，是因为其不具备较高的边际效率。唯有推动农业生产现代化，才能够提升农业在国民经济发展中的占比。另外，舒尔茨还指出，在农业发展过程中，农民能力很关键，所以其认为可以综合生产要素以及农产品价格的调整来实现对农民的刺激。

舒尔茨进一步对新农业生产要素的供给、需求两方面进行了阐述。首先是生产要素的供给方面，他认为新农业生产要素不仅包含着研究开发还包含着分配。生产要素的研发一定要与当地的农业实际情况相契合，且生产要素在进行分配时，非营利性企业要为了保证生产要素有效供应而承担起自己的责任。其次是生产要素的需求方面，他认为要改造传统农业就要从扩大农民对新生产要素的需求着手。相关部门可以通过生产要素本身去引导农民，如风险程度的降低或者对生产更有利；也可以通过将与生产要素有关系的理论基础和技术支持更大力度地向农民进行宣传，培育他们能更好地使用这项新农业生产要素。与此同时，舒尔茨认为，人力资本对于传统农业的改造具有很强的推动力，并且物质资本与人力资本也有着互相转化和推动的关系。物质资本的提高与创新离不开人力资本的投入，人力资本在熟悉技能使用之后可以促进物质资本发挥更大的作用。因此，新农业生产要素在包含物质资本的基础之上更要着重培育农民的技术和知识素质，使人力资本得到提高。

三、学术评价

舒尔茨非常看重农业转型对经济增长的影响，他认为农业转型的起点和核心点应该放在人力资本上，他的这一观点对于发展中国家的农业转型以及改变以往看重工业发展而忽视农业发展的观念具有不可忽视的意义。改造传统农业理论不仅丰富了农业发展领域的理论内容，还将农业经济问题与人力资本相结合进行探讨，使得农业发展有关理论取得了创新性进步。与此同时，舒尔茨的理论分析中也存在着一些不全面的地方，如没有把发展相对落后国家的生产关系以及与其他国家之间经济往来不平等的一些因素考虑到传统农业发展中去，同时也没有阐释清楚关于传统农业改造中人力资本对资金的大量需求该如何解决。随着经济和技术的升级，我国在农业发展过程中也逐步实现从传统农业到现代农业的过渡。在这种情况下，我们必须重视对传统农业的优化升级和改造，通过引入传统农业改造理论，为推动我国农业改造指明趋势和方向，这对于推动农业实现高质量发展也有不可替代的作用和意义。

第三节　农业发展阶段理论

本节主要从形成背景、主要内容、学术评价三个方面进行分析，从而更好地理解农业发展阶段理论对农业高质量发展产生的重要作用。

一、形成背景

马克思主义认为事物的发展都是从简单过渡到复杂，并且由低级向高级逐渐演进的。因此，分阶段进行发展是每个事物都具备的内在规律。同时，事物内部所具有的矛盾也会产生动力，推动事物的演进，使其向下一个阶段发展。当这一矛盾发生了变化时，也就表征着该项事物的发展已过渡到了新的阶段。著名经济学家、农业专家及社会学家约翰·梅勒认为，农业是国民经济的基础，同样具备这种特性，即农业的发展有其自身的规律，随着时间的推移会经历一系列发展阶段，并且在每个阶段所面临的挑战也会有所不同。

二、主要内容

在18世纪至19世纪初这段时期，亚当·斯密和大卫·李嘉图等学者的研究中最早体现出了农业发展理论的雏形思想。李嘉图作为英国古典经济学派的代表人物之一，他在代表作《政治经济学及赋税原理》中提出了两项假设：一是农业生产具有收益递减规律；二是工业部门接纳农业部门的冗余劳动力不会引致该地区工人薪资上升。这两项假设的提出在一定程度上为农业发展和农村劳动力之间的关系奠定了理论基础。

到19世纪中后期，马克思就农业与工业之间的发展关系做了系列论述。他认为，土地是农业发展的最基本生产资料，但是土地资源是有限存在的，尤其是可利用的土地资源。随着工业的发展，农机的应用将提高农业生产力，所以农业部门所需要的劳动力下降，从而导致农业部门劳动力数量在社会总劳动数量中的份额开始缩减。同时，农村人口增长率超过了农业耕地扩张率，因此农业发展的自然属性决定了当时农业生产中的农民人口数量显得十分"剩余"。

20世纪40年代，张培刚作为发展经济学的奠基人，系统地提出了农业国工业化理论。他认为，农业经济发展是工业发展和经济增长的前提和物质基础，同时工业化的发展也能为农业提供技术条件，促进其进步。随后，在20世纪中叶，刘易斯提出了具有代表性的二元经济结构理论。他认为，在发展中国家经济发展过程中，现代工业部门和传统农业部门这两个异质性部门并存，即城市现代化产业与农村传统化产业共存。20世纪中后期，费汉景和古斯塔夫·拉尼斯等学者对刘易斯的二元经济结构理论进行了进一步的发展和批判。他们认为，刘易斯的理论忽视了农业发展对工业增长的促进作用，并没有将农业因生产率提高而出现的剩余产品视为农业劳动力流向工业部门的先决条件。因此，他们从动态视角重新检视了农业和工业均衡发展的二元结构理论，并提出了较为系统的"拉尼斯—费模式"二元理论。自20世纪60年代以来，舒尔茨的改造传统农业理论对经济增长的观念提出了新的看法。他坚决反对将经济增长等同于工业增长而忽视农业对经济增长的贡献；相反，他认为农业是经济增长的原动力。为了改造传统农业，舒尔茨强调应注重农业人力资本的积累、加强农业技术的培育，并鼓励政府向农业领域进行投资。这些观点为农业的发展提供了新的思路和方向。

20世纪后期，日本从保护"稻米文化"的视角出发，系统地提出了农业多功能发展理论，欧盟各国以及韩国等国家也都是农业多功能发展理论的倡导者。通常而言，当时大多数学者将农业功能理解为生产功能和经济功能两个层面。但是，根据农业多功能理论的阐释，农业发展的内涵会随着社会经济的发展而不断扩展、与时俱进，具有多样性特征，它在满足消费资料和生产资料的基础之上，还在生态保护、文化传承、旅游休闲等多种功能方面不断地拓展和延伸。

三、学术评价

上述关于农业发展阶段理论的系统研究表明，不同历史发展时期背景下的不同学者从不同的角度就农业发展问题给出了不同的理解和学术认知。尽管各种理论对农业发展的评价态度存在迥异，有的持消极态度，有的持积极态度，但都对于推进农业发展阶段理论的进步起到了推动作用。当前，中国正处于高质量发展阶段，农业发展阶段理论的发展过程不仅诠释了农业发展对于一个国家稳根固基的重要性，还阐释了农业全面增量、提质、提效发展才是适应人们生活需要和时代发展步伐的农业发展模式，反映了当下社会对农业高质量发展的强烈诉求。因此，在高质量发展阶段，农业发展阶段理论所积累的经验和教训对本书开展的农业高质量发展议题研究具有重大的借鉴意义。

第四节　可持续发展理论

本节主要从形成背景、主要内容、学术评价三个方面进行分析，从而更好地理解可持续发展理论对农业高质量发展产生的重要作用。

一、形成背景

19 世纪 80 年代，随着大部分国家经济的飞速发展，环境污染问题也日益严重。工业废品的不断增加导致了生态环境的严重破坏，这使得人们在享受经济繁荣的同时，也付出了沉重的环境代价。20 世纪 70 年代，一个名叫"罗马俱乐部"的组织尝试着去回答三个问题，即地球承载力是否有极限？人类的发展与地球环境的极限能否互相适应？如何规划人类社会的发展才能使其与地球共存？该组织发表了一篇名为《增长的极限》的报告，该报告指出，只有人类主动地去控制人口的大幅度增加、避免工业的过度发展，未来人类需求的增加才不会加重地球资源的负担，也就自然不会导致生态环境的恶化，这一想法对当时的世界起到了警醒作用。在这种背景下，1987 年，布里特兰在世界环境与发展委员会上发表了名为《我们共同的未来》的报告，首次将"可持续发展"的概念呈现在世人眼前。该报告强调，可持续发展是一种既能满足现代人的需求，又不会损害后代人满足其需求的能力的发展模式。因此，这一理论的核心在于解决经济发展和生态平衡之间的关系。它明确指出，经济的发展不应以牺牲环境为代价，而是应当寻求与保护环境之间的平衡。这意味着，我们要在保持人与环境和谐相处的前提下，确保后代人能够平等地满足自身需求的同时，推动经济的发展。

二、主要内容

从具体的内涵来看，可持续发展理论包括经济、社会和生态三个维度，要求人们在发展的时候要注重经济发展效率的提高、社会公平度的提升和生态的更加协调。第一，经济的可持续发展。可持续发展理论所倡导的并非是要因为生态环境的保护而放弃对经济增长的提高，而是要更注重发展经济的质量。也就是摒弃掉以往的资源耗费大、环境污染重、回报率较低的生产模式，转向使用清洁能源、资源消耗较小以及环保的生产模式。第二，社会的可持续发展。可持续发展理论认为世界上每个国家都有自己所处的发展阶段，同样每个国家也都有自己独特的发展目标。然而，发展的实质应该是一致的，即提高人们的生活品质，使人们的身体素质更加强健，并且使人们能够生活在一个公平且自由的社会环境中。因此，社会的可持续发展是可持续发展理论的终极目标。第三，生态的可持续发展。可持续发展理论认为生态方面应当将资源的利用放置在合理的范围内，并且发展也应当具有反向促进生态平衡和改善环境的作用。其强调，发展应当是有度的发展，这样才能实现发展的可持续。

三、学术评价

可持续发展是当今世界各国共同努力的方向，也是各国人民共同努力的目标。农业是一种以自然资源为基础的生产性行业，它与可持续发展有着天然的密不可分的关系。首先，随着科技进步实现层层突破，自然资源所具有的限制和约束变得越来越弱，但农业的发展却始终离不开土地资源和水资源，始终受到气候和温度的影响。其次，农业不仅可以满足人民对食物的需求，又可以提高人民的收入水平，除此之外甚至能对生态和环境产生优化作用。只要重视对自然资源的合理利用，就能使得农业经济的发展与生态环境形成和谐统一的局面，从而实现水土保持[①]、生态环境的再修复以及营造出优美的乡村景观。可一旦不遵循自然界的运作规律，就会导致土地的肥力减弱、湿地面积缩小甚至引起水土大量流失，这就影响到了传统农业向现代农业的顺利过渡。因此，农业发展与可持续发展理论密不可分，农业高质量发展的实现离不开可持续发展理论的指引作用。

第五节　新发展理念

本节主要从形成背景、主要内容、学术评价三个方面进行分析，从而更好地理解新发展理念对农业高质量发展产生的重要作用。

一、形成背景

新发展理念是中国共产党基于时代发展、社会需求和实践要求而提出的重大理论创新，于 2015 年 10 月党的十八届五中全会通过的《中共中央关于制定国民经济和社会发展第十三个五年规划的建议》中被首次正式提出。随后，习近平总书记在多次讲话中对其进行了深入阐释。2020 年10 月 29 日，党的十九届五中全会审议通过的《中共中央关于制定国民经济和社会发展第十四个五年规划和二〇三五年远景目标的建议》再次强调了这一理念，即强调要将新发展理念贯穿于发展的全过程和各领域，以实现更高质量、更有效率、更加公平、更可持续、更为安全的发展。新发展理念是一个内涵丰富的多维发展理念，它以"创新、协调、绿色、开放、共享"为核心内容，这五大理念共同构成了一个完整的理念集合体，关系到我国发展的全局。其中，创新被视为引领发展的第一动力，协调是持续健康发展的内在要求，绿色是永续发展的必要条件和人民对美好生活追求的重要体现，开放是国家繁荣发展的必由之路，而共享则是中国特色社会

---

① 水土保持是指对自然因素和人为活动造成水土流失所采取的预防措施和治理措施。20 世纪 80 年代以来，我国进入了一个以小流域为单元开展水土流失综合治理的新阶段。小流域是指以分水岭和出口断面为界形成的面积比较小的闭合集水区，流域面积最大一般不超过 50 平方千米。每个小流域既是一个独立的自然集水单元，又是一个发展农、林、牧生产的经济单元，分布在大江大河的上游。一个小流域就是一个水土流失单元，水土流失的发生、发展全过程都在小流域内产生具有一定的规律性。2020 年，我国国家水土保持重点工程治理达 1.34 万平方千米。

主义的本质要求。这一理念集合体的提出，是对我国当前发展新阶段遇到的新情况、新形势的积极回应，体现了党中央总揽全局的战略眼光和深远谋划。它为我国经济社会的高质量发展开辟了新的空间和局面，提供了科学的理论指导和实践指南。上述各维度理念针对性、指向性地诠释了我国全局事业发展中的五大支撑力量，是对我国经济、社会、自然、历史、文明等发展规律的进一步认识，丰富了我国经济在质量、效率、公平和可持续的高质量发展路径。

二、主要内容

新发展理念构成了一个系统的理论体系，它全面而深入地回答了关于发展的目的、动力、方式以及路径等一系列重要的理论问题和实践问题。创新发展着力解决的是发展动力问题，在农业高质量发展中，创新能够有效突破发展瓶颈、改善农业发展方式、培育农业高质量发展的内生动力。协调发展注重解决的是发展不平衡的问题，农业要想取得持续、健康的高质量发展，必须统筹兼顾，注重发展的整体性，促进农业内部、农业与其他产业、各区域之间协调发展。绿色发展注重解决的是人与自然和谐共生的问题，为了增加安全且优质的农产品供给，农业高质量发展要坚持绿色发展，协调好发展与生态保护的关系。开放发展注重解决的是发展内外联动问题，构建人类命运共同体要着眼于全球解决各种发展难题，通过优进优出、重点推进等手段加强对外合作，增强农产品供应链的稳定性和可靠性，推动农业贸易高质量发展。共享发展注重解决的是社会公平正义问题，通过农业经济效益共享，构建合理的农业效益分享机制，实现农业高质量发展。

三、学术评价

新发展理念与高质量发展之间存在着内在的一致性，因此，为了推进高质量发展，我们必须全面、完整、准确地贯彻新发展理念，这是其必要前提。针对我国农业高质量发展所面临的问题与不足，2022年发布的中央一号文件——《中共中央 国务院关于做好2022年全面推进乡村振兴重点工作的意见》明确提出了以新发展理念为引领的解决路径。此外，在党的二十大报告中，习近平总书记再次重申了新发展理念在推动高质量发展中的核心作用，并强调要不断深化对新发展理念的理解，以真正实现高质量发展的目标。由此可见，在农业高质量发展进程中，新发展理念是对其提出的要求，是评价其发展成效的标准，更是农业高质量发展的指导思想与战略指引。促进与建设农业高质量发展的过程，就是落实新发展理念的过程，因此农业的高质量发展与新发展理念密不可分。

本章通过对马克思主义农业现代化理论、改造传统农业理论、农业发展阶段理论、可持续发展理论、新发展理念的形成背景、主要内容和学术评价进行阐述，为后文重庆市长寿区构建农业高质量发展水平指标体系、测度农业高质量发展水平打下基础，同时也为影响因素分析及实现路径的提出提供了开阔思路和理论支撑。

第四章　中国农业发展的历史进程

现代农业是在工业革命之后逐渐形成的，它依托于现代工业和科学技术的进步。与传统农业相比，现代农业更加注重商品化和市场化，旨在通过提高农业生产效率及质量来满足市场需求。在现代农业中，虽然劳动力的直接投入有所减少，但对劳动力在科技与经营管理等方面的知识和技能要求却显著提高。同时，现代农业充分利用科学技术、市场资本和工业产品等现代化要素，推动农业生产向专业化、集约化、规模化方向发展，从而显著提高了农业劳动生产率。

自新中国成立以来，中国一直将推动农业现代化作为促进农业高质量发展的关键。尤其在改革开放之后，家庭联产承包责任制的实施进一步加速了农业现代化的步伐。这一制度极大地激发了农民的生产热情，提升了农业生产的组织效率和市场化程度，为现代农业的蓬勃发展注入了强劲动力。在这个过程中，我国不断引进并吸收国际先进的农业科学技术和管理经验，结合本国实际进行创新和发展，形成了具有中国特色的农业现代化道路。

第一节　初步探索阶段

改革开放之初，党中央在农业现代化道路的探索上尤其注重通过增加粮食产量来解决人民的温饱问题。由于过去"政社合一"的人民公社，经济管理体制过于集中，分配上存在着严重的平均主义倾向，不利于调动农民从事农业生产的积极性，同时也在很大程度上抵消了国家对农业的巨大投入，致使农业生产发展和农民的生活改善比较缓慢。基于此，改革开放的序幕率先在农村拉开，旨在解决人民最基本的生存问题。这一时期，党中央在农业发展方面展开了深层次的制度改革和结构调整，为农业现代化程度的提高做出了巨大的历史贡献。

一、对家庭联产承包责任制的确立

邓小平同志在 1978 年 12 月的讲话中提到"解放思想，实事求是"，这一思想路线激发了农民在农业生产活动实践过程中的大胆创新，释放了农民的创造性和能动性。在这个宽松的政策环境中，农村生产力得到恢复和发展，农业生产经营及分配的方式被不断地创新和改进，先后经历包产到户、联产到组、包干到户等责任形式，1987 年全国绝大多数农户实行了家庭联产承包责任制。在家庭联产承包责任制出现之前，农业一直实行集体制，但在这种制度下，农民劳动积极性不高，农业劳动生产率也较低。家庭联产承包责任制实行之后，提高了农民的积极性，增加了农业产量。在这种制度下，政府依旧下放一定数量的缴纳公粮的任务，但对于每个家庭的具体解决路径不再加以约束。

家庭联产承包责任制下，劳动者所在的集体不再是生产队，而是家庭。作为家庭成员的劳动者在情感的驱动下，更愿意为家庭做出贡献，而不再以经济利益为先，从而提高了农民劳动的积极性。此外，劳动成果的分配也不再是单一的按劳分配，家庭内部会根据每个成员的情况按需分配。在这种分配制度下，不会出现"强者更强、弱者更弱"的现象，家庭内部会更加协调、统一地发展，更加有利于家庭的和谐繁荣，从而进一步提高家庭成员的劳动积极性。

二、对农业产业结构的初步调整

1982 年发布的中央一号文件——《全国农村工作会议纪要》指出，"无论种植业、养殖业、农村工副业，都必须强调提高单产，提高劳动生产率"。由此表明，提高农民收入必须在发展多种经营和提高生产效率方面下功夫。在发展多种经营方面，党中央主张因地制宜发展多种经营，在适合种粮的地区扩大种植面积的同时，还要致力于改变广种薄收，实现精耕细作、集约经营，并逐步改造中低产田。针对其他不宜于种粮食的地区，则要发展国家急需的原料如棉花、糖料等生产，并且要重点开发山区、水域、滩涂和家庭养殖业来满足工业的发展和人民多样化的生活需求。在具体开发过程中，党中央认为，既要提高单位面积的土地产出率，又要做到不破坏水土保持和生态平衡；农业生态的良性循环是发展多种经营和促进农业可持续发展的必要前提。

随着农村家庭联产承包责任制的逐步实施，农村涌现出众多饲养、种植能手以及各类技艺精湛的工匠。这一变革推动农业不仅在生产领域取得发展，更不断扩展到新的生产领域，引领农业生产走向社会化与专业化方向。有鉴于此，党中央在鼓励多元化经营的同时，也着重强调深化社会分工，以吸纳广大农村劳动力为社会创造更多财富。自农村也开始逐步推行市场化以来，农业生产、加工和销售各环节之间的联系日益紧密，生产、就业和消费三者之间的依存度也在逐步加深。

三、对科技"兴农"政策的高度重视

改革开放初期，党中央就充分认识到了科学技术在农业生产中的重要作用，并从多维度施策来实现科学技术和农业生产的有效结合。其一，恢复和健全各级农业技术研究与推广机构。由于人民公社化时期，部分科研机构处于瘫痪状态，农业生产停滞不前。改革开放以来，党中央十分重视构建从中央到地方的农技研发与推广机构，并监督各县级科研机构逐步打通科研成果投入农业生产的阻碍渠道，使各项技术能够综合应用于农业生产。其二，重视教育对科研的推动作用。1982年发布的中央一号文件——《全国农村工作会议纪要》指出，"教育是发展科学技术的基础"。至此，各级有关部门开始对农业院校的领导班子给予高度重视，并进一步改善了办学条件，使得各级农业领导干部和管理干部通过培训较好地掌握了农业技术，以此来更好地指导农民应用科学技术。此外，党中央还鼓励县级以下农村中学可以设置农业课程，或者发展农业专科学校。其三，鼓励科研人才的流动和技术的转移。实现人才与技术在城乡之间的流动和转移，不仅可以为农业现代化的发展增添活力，而且可以促进城乡关系发生扭转。各级地方政府明确规定，城市的各类科学技术人才在不影响科研工作的情况下，可以利用业余时间为农村提供服务，并取得相应报酬。

随着我国开放程度日益加深，党中央和各级地方政府积极鼓励和支持

沿海地区涉农企业参与国际化的交流与合作，通过学习国外的先进技术和管理经验，来增强国内涉农企业的科研能力和管理能力，为农业现代化的发展提供更强的技术支撑。

第二节　曲折前进阶段

随着农业、农村的发展面貌逐步向着更好的方向转变，1984年党的十二届三中全会顺利召开，党中央做出发展战略向工业和城市转移的重大研判，政府对农业和农村的支持力度逐步减小。农业和农村的发展由农民自发探索转变为政府行政推动，农民增收面临着诸多的挑战和困难。但是，在面临多重发展困境的同时，农业市场化普及与产业化经营方面也取得了重大成就。至此，我国的农业现代化道路迈入曲折前进的发展阶段。

一、实施"以农养工"的政策

由于全党工作重心的转移，农业发展的政策支持力度减小。然而，1978—1995年却是我国农业发展颇具活力的时期。特别是在1982—1986年，连续五年的中央一号文件为农村经济发展"松了绑"，为农村经济的逐步繁荣揭开了序幕。由于农村各项改革政策的实施释放了巨大活力，取得了卓越成就，1984年颁布的《中共中央关于经济体制改革的决定》明确提出了加快以城市为重点的经济体制改革的紧迫性，这一决策为全党工作重心逐步转向城市与工业领域定下了基调。随后，1987—2002年，党中央连续17年未再发布专门针对"三农"工作的一号文件，这标志着我国改革重心已全面转移至其他领域。1995年是我国农业发展的一个转折点，由于国家发展战略长期向城市倾斜，各级地方政府在公共产品和公共服务上的财政投入都集中在县城以上，农业、农村的发展缺乏政府的资金支持，导致"三农"问题集中爆发，农业面临产业结构转型升级的矛盾、农村面临基础建设短缺的难题、农民面临增收效果不佳的困境。总之，这一时期国家发展重心的转移对我国农业现代化道路的推进造成了一定的影响。

二、对农业基础性地位的再度重视

首先，党中央重申农业的基础性地位。针对国家工作重心向城市和工业转移后，"三农"问题频发的现象，党中央再次重申了农业的基础性地位。1997年，党的十五大报告指出，要坚持把农业放在经济工作的首位，稳定党在农村的基本政策，深化农村改革，确保农业和农村的经济发展以及农民收入的增加。这在一定程度上为我国农业现代化的建设指明了方向。

其次，党中央重视农业的可持续发展。我国人多地少的现实国情决定了在农业现代化发展的过程中，必须走可持续发展的路子来解决本国人的吃饭问题。我国农业发展面临自然资源约束的比较劣势，若要推动农业现代化道路继续前进，我国就需要在农业的集约化经营层面下功夫。1996年，江泽民在河南省考察农业发展情况时强调，我国农业自然资源相对稀缺，其根本出路是提高自然资源的利用率，提高农业投入中的科技含量，提高劳动者的素质，我们必须转变农业增长方式。这表明，我国农业现代化的发展必须摒弃过去粗放式的经营方式，通过培训职业农民、增加科技投入等方式来走集约化的农业发展道路，为农业现代化的发展提供更持久的发展动力，进而从根本上保障我国农业的可持续发展。

最后，乡镇企业是农业现代化的支撑。改革开放初期，由于国家财税收入有限，相关部门对农业的投入相对较少，农业外部也缺乏相应的外力支撑。基于这样的发展现状，乡镇企业的发展从一开始就承担了转移农村富余劳动力以及"以工带农""以工补农"的历史重任。从1992年社会主义市场经济的确立起，国家对经济管理体制机制的改革力度越来越大，乡镇企业也开始推行产权改革，逐渐和农村的行政组织脱钩，以个人独资和混合制的形式开启新的经营方式。通过改制后的乡镇企业再次获得了新的发展活力，就业人数也呈现出了先降后升的趋势，为之后农业转移人口的市民化提供了较好的就业渠道。

三、倡导实现农业的产业化经营

改革开放以来，我国在经济体制上进行了重大调整，最初是从有计划的商品经济转向以计划经济为主、市场经济为辅的模式，随后在1992年实现了社会主义市场经济体制的全面确立。在这一经济体制转变的背景下，党中央也相应地调整了农业的发展体制。然而，随着社会主义市场经济体制改革的不断深化和范围的逐步扩大，我国农业管理体制和产业结构与市场经济之间的不适应问题日益凸显，加之受农村市场化进程相对缓慢这一客观因素的制约，导致 1996 年的农业生产在取得丰收之后又出现了农产品供给相对过剩、市场粮价不断下降、农民收入徘徊不前的局面。党中央为了从源头上解决农产品相对过剩和农民能够持续增收的问题，及时提出对农业结构实施战略性调整的方针。在这一方针的指导下，各级地方政府积极引导农民发展农业产业化经营，逐步构建起了生产、加工、销售相互衔接、相互促进的机制。这不仅推动了农业产业向纵深发展，还增强了农村三次产业之间的联动与融合，有力地促进了农业向商品化、专业化和现代化的转型。

此外，农业产业化经营是提高效益的重要举措。党中央着重从三个方面来抓农业的产业化工作：一是通过全面优化农作物的品种来提升农产品的质量；二是积极鼓励具有区域优势的地方政府重点发展畜牧水产业，优化农业的产业结构；三是依据区域特色，调整农业生产布局，充分发挥区域的比较优势。同时，小城镇和乡镇企业的深化发展也为优化产业结构、拓宽城乡市场提供了重要依托。党的十五届三中全会还强调，要坚定不移地贯彻土地承包期再延长 30 年的政策，这为亿万农民安了心，促进了农业产业化经营向着更深层次的方向发展。

第三节　全面发展阶段

进入 21 世纪以后，随着中国特色社会主义各项事业的蓬勃发展，全面建成小康社会成为全国人民的共同心愿。然而，在这一过程中，农业和农村的发展问题仍然被视为制约小康社会建设的突出短板。2002—2011 年，以胡锦涛同志为总书记的党中央深刻反思了以往农业发展中的不足之处，并从多个层面对推进农业现代化进行了全新的阐释。党中央明确指出，实现农业现代化不仅是一个重大的经济问题，更是一个关乎国家稳定的重大政治问题。这一论述不仅提升了全党对农业、农村工作的重视程度，也进一步强化了农民增收工作的紧迫性和主动性。党中央在这一历史阶段吸取过去经验教训的基础上，对农业、农村发展的投资力度和支持力度也在逐渐加大，使我国城乡关系出现了新发展局面。因此，该阶段的探索和实践是我国农业现代化道路整体推进过程中不可或缺的。

一、对农业发展税费体制的改革

在推动农村改革的进程中，党中央采取了果断措施，全面取消了农业税的征收，从而消除了农民的这一负担。同时，随着乡镇企业的蓬勃发展，农民们获得了更多的增收途径。然而，在 20 世纪 90 年代初期，农村财税体制的改革曾导致基层政府财权结构和事权结构的严重失衡。部分地方政府滥用职权，对农民进行任意集资和乱收费，导致农民的负担迅速攀升。统计数据显示，1990—2000 年，农民的税费负担总额激增了近三倍，而人均负担更是惊人地增长了三倍以上。这种沉重的税费负担抑制了农民从事农业生产的热情，甚至引发了耕地被弃耕的严重现象。

为了解决农民负担过重的问题，党中央自 2000 年起支持安徽省率先进行农村税费改革的试点工作。改革的重点集中在农业税政策、农业特产税政策以及劳动积累工和义务工等相关制度上，并取得了显著的成效。随后，2002 年，党中央决定将农村税费改革的试点范围扩大到包括吉林、河北在内的 16 个省（区、市）。截至 2005 年年底，全国已有 28 个省份相继取消了农业税的征收。最终，2006 年 1 月，第十届全国人民代表大会常务委员会做出了废止《中华人民共和国农业税条例》的重大决策，全面废除了农业税的征收。这一举措标志着我国传统税收政策的终结，农民和国家的关系发生了深刻的变化，农民的基本权益得到了高度重视。

从减免农业税到最终取消农业税的这一历史性转变，从根本上解决了农民负担过重的问题。这不仅改善了党员干部与人民群众之间的关系，而且对于推动城乡统筹发展也起到了不可替代的重要作用。这一改革成果为农民减轻了负担，激发了他们的生产积极性，对于促进农村经济发展和社会稳定具有深远的意义。

二、党对工农城乡关系的重大调整

在这一阶段，以胡锦涛同志为总书记的党中央对我国工农城乡关系做出了新的阐释。党的十六大报告明确提出"要统筹城乡经济社会发展，建设现代农业"，这标志着过去那种城乡分割的旧局面将得到彻底改变。这一决策不仅是对城乡关系的重新审视与定位，更是对农村发展问题的重视与关注。2004年，胡锦涛在党的十六届四中全会上明确提出了"两个趋向"的重要论断，即纵观一些工业化国家发展的历程，在工业化初始阶段，农业支持工业、为工业提供积累是带有普遍性的趋向；但在工业化达到相当程度以后，工业反哺农业、城市支持农村，实现工业与农业、城市与农村协调发展，也是带有普遍性的趋向。这深刻地总结了世界工业化进程中的普遍规律和我国过去实行以农养工政策的必然性，同时也表明在新时期，党中央要逐步转变发展战略，通过对农村实行"多予""少取"和"放活"的方针来改变过去城乡发展严重失衡的状态。基于此，党中央多措并举有力地改善了农业的生产状况和农民的生活。在农业生产状况方面，党中央对农业基础建设加大了投资力度，改变了过去只投资大中型基础设施的局面，增加了对中小型设施的投资，为农业增效提供了相对稳定的物质保障。此外，在农业科学技术的研发和推广、职业农民的培育、金融制度的改革以及农业补贴制度的建立等方面，党中央向农业的倾斜力度在持续加大。在农民生活方面，党中央通过社会主义新农村的建设，有效改善了其人居环境；通过建设农村基本保障制度，有效遏制了农民因病致贫、返贫的现象；通过加强农村文化、教育和卫生的建设，有效解决了农村孩子的受教育问题。

三、对保护农业生产环境的新认识

在新时期，随着农村经济发展活力的进一步释放，党中央在推进中国特色农业现代化道路的过程中，采取了多项措施来保护农业生态环境，并提高自然资源利用率。首先，提高对自然资源的利用率成为重中之重。2004年的中央一号文件——《中共中央 国务院关于促进农民增加收入若干政策的意见》明确强调，各级政府要切实落实最严格的耕地保护制度。这体现了党中央对严守耕地红线的坚定决心，并从制度层面约束各级利益主体的用地行为。在非农用地的使用权限和审批程序上，各级政府也采取了更加严格和谨慎的态度，以确保农田总量不减少、质量不下降。其次，加快发展生态循环农业成为另一项重要举措。基于对我国现实资源环境承载力的深入考察和科学评估，党中央将发展生态农业和循环农业视为推进中国特色农业现代化道路的有力探索。在实施退耕还林、天然林保护等重大生态工程的同时，党中央倡导依据标准化要求，结合区域优势培育农业特色产业，构建绿色农产品产业带。这旨在打造符合国内外市场需求、体现民族特色的绿色优良食品和有机食品。此外，党中央还鼓励在有条件的地区发展秸秆气化和太阳能、风能等清洁能源，推进绿色能源示范县建设，为循环农业的发展树立了典范。最后，党中央高度重视新型农用工业的发展，以减少农业面源污染。通过不断研发新型肥料、低毒高效农药、多功能农机装备以及可降解农膜等新型农业投入品，党中央致力于保障农业生产的环保性和可持续性。这些举措将有助于减少农业面源污染、保护生态环境，同时推动中国特色农业现代化道路的稳步前进。

第四节　创新转型阶段

现阶段的发展重点主要是稳固现代化经济体系的根基。通过系统梳理2012年以来的中央一号文件可知，其核心主题都是紧紧围绕农业现代化展开的。在这一阶段，以习近平同志为核心的党中央在推进农业现代化道路过程中更加注重从供给端进行多维度的改革，从而激发农业现代化发展的内生动力。

一、提出以新发展理念引领现代农业

新发展理念对构建农业现代化发展体系具有引领作用，发展现代农业就是要着力构建农业现代化产业体系、生产体系和经营体系。新发展理念作为"十三五"规划的灵魂，在农业现代化发展体系的建构过程中必然会发挥引领作用。其一，现代化的农业生产体系是提升农业现代化程度的源头动力，重点要以绿色发展理念和创新发展理念为指导，从提高自然资源利用率与创新科技推广服务体系两方面来保障农业生产的世代可持续性、强化农业科学技术的现实指导力。其二，现代化的农业产业体系是提升农业现代化程度的重要抓手。"农业综合开发，一是寻求大农业的广阔阵地，实现农业的多层次开发；二是追求大农业的经济效益，实现农业的深层次进军。"由此表明，产业系的建构应实现立体式的发展。从横向上看，我们要以协调发展理念贯穿产业结构调整的始终，调优产品结构，调顺产业体系，提高农产品的质量效益。从纵向上看，我们要把创新发展理念提升

到战略高度，加快延伸农业产业链，完善农产品生产、加工、流通和销售等各个环节的现代化服务体系，不断促进农产品的深加工研究，提高农产品的附加值。其三，现代化的经营体系是提升农业现代化程度的重要着力点。农业经营体系的提出，经历了从"生产责任制"到"双层经营体制"再到"经营体系"的演变，这意味着新时代党中央在巩固家庭经营基础性地位的基础上，注重把共享和创新的发展理念融入统一经营之中，使集体经济组织、涉农企业、农业合作社等多元主体共同参与到现代化经营方式的探索中来，进而健全多元主体利益共享、风险共担机制，以此来克服小农经济固有的弊端。

二、提出农业供给侧结构性改革

农业现代化强国的建设必须把推进农业供给侧结构性改革作为重点内容，这就要求从供给侧和需求侧同时发力来破解结构性失衡的难题，从而为我国农业现代化的发展培育新动能。

从供给侧来看，深化农业供给侧结构性改革要把握根本性原则，应在改革的方向、目标、方法和底线方面有清醒的认识；否则就会延缓供给侧结构性改革的成效，进而影响现代化农业强国的建设。一要坚持以调整农业结构、提升产品质量为根本方向。二要坚持以农民持续增收、建设农业强国为根本目标。三要坚持谷物基本自给、口粮绝对安全为基本底线。这意味着，去库存绝不意味着可以忽略粮食生产，更不意味着可以不再关心基本供给。因此，农业供给侧结构性改革必须牢固树立保障粮食安全的底线思维，确保在改革过程中不会损害到国家的粮食安全和人民的基本口粮需求。四要坚持以改革体制机制、唤醒沉睡资源为制度保障。

从需求侧来看，我们要从根本上破解需求信息无法抵达生产端的掣肘。推进农业供给侧结构性改革，不仅要从供给端调整农业结构，还要从需求侧解决信息不对称的难题。现阶段我国农产品出现结构性失衡问题的原因，很大程度上是在于消费主体对农产品的需要信息无法及时传递到供给主体的生产端，从而导致市场需求对供给侧的生产行为无法有效约束，造成农户生产的盲目性和滞后性。基于此，在厘清政府和市场关系的基础上，我们应重点从需求侧健全信息传递渠道。一要让市场在农业资源的配置中起决定性作用。农产品供需结构失衡，这在一定程度上与政府越位和市场缺位有关系。尤其是在农产品的价格方面，政府的过度干预给农业经营主体释放错误的价格信号导致供需失衡，这就要求实行市场定价，使农产品的价格与政府的补贴政策分离，充分发挥市场反映消费者有效需求的功能，从而消除产品的无效供给。二要依据区域生产特点建立信息的有效传递平台。农村互联网技术的逐步普及为消费者需求信息的传递提供了重要支撑。各级基层党组织可以根据各地区的种植特色，建立户户相连、村村相通的信息网络传递体系来保障消费者对农产品的需求信息能够有效指导农业经营主体的生产行为，从而破解需求信息传递滞后的问题。

三、做出农业农村优先发展的精准研判

在我国农业现代化建设的进程中，农业农村始终扮演着工业化与城镇化发展的"蓄水池"和"附属物"的角色。然而，进入 21 世纪以后，尽管国家对城乡关系进行了重大调整，但农业农村的"被动地位"并未得到根本性改变。因此，从国内视角来看，将农业农村优先发展是推动"四化"协调发展的客观要求。党的十九大报告精准把握了我国农情农力，明确将农业农村的发展置于优先地位。这意味着，在资源配置上，我国从人力物力到权力智力都要优先考虑农业农村。这一决策彰显了党中央对农业农村现代化的高度重视。当然，优先发展农业农村并不意味着要牺牲工业化、城镇化和信息化的发展来换取农业农村的现代化；相反，我们应该致力于形成一个"四化"互相推动、协调发展的新局面，通过优化资源配置、提升农业科技创新能力、加强农村基础设施建设等措施，推动农业农村与工业化、城镇化和信息化融合发展，共同推动我国农业现代化建设的全面进步。

从国际视角来看，农业农村优先发展是对国外经验教训的深刻总结。习近平总书记关于"三农"工作的重要论述不仅为我国农业农村发展指明了方向，也汲取了国外农业农村发展的宝贵经验。以美国、日本等发达国家为例，它们在经济发展水平上的领先地位，很大程度上得益于对农业农村问题的妥善处理。在农业现代化方面，这些国家在工业化后期就积极探索了符合本国特色的农业现代化模式，如"劳动节约型""技术节约型"等。在农村发展上，它们也实施了各具特色的乡村振兴计划，逐步缩小了城乡发展差距，实现了城乡共同繁荣。而以拉美国家为代表的一些国家，

在现代化进程中或多或少忽视了农业农村问题，或者没有能力解决这些问题，从而导致大量失业农民涌入城市。又由于城市就业岗位有限和农民自身素质的限制，许多农民陷入了贫困境地，形成了"城市贫民窟"现象，严重威胁了社会稳定。基于对不同国家正反两方面经验的总结以及对我国当前阶段农业农村发展状况的分析，我们深刻认识到坚持农业农村优先发展是实现农业现代化的有效保障。因此，我们必须将农业农村发展摆在优先位置，加大投入力度，创新体制机制，推动农业农村现代化与新型工业化、信息化、城镇化同步发展。

第五章　农业高质量发展的典型模式及经验借鉴

第一节　国外农业高质量发展模式

本节以美国、荷兰、日本为例，介绍国外农业高质量发展的典型模式，分析其发展中可借鉴的经验，以便从实践角度丰富农业高质量发展的研究。

一、美国农业高质量发展模式

美国拥有 937 万平方千米的国土面积，其中耕地面积大约占据了20%，这使得它成为世界上农业最发达的国家之一。美国的农业产值在2022 年达到了 2 889 亿美元，显示出其农业的强大实力。同时，美国在全球农业市场中也占据着举足轻重的地位，其农产品具有极强的竞争力。2022 年，美国的农产品出口额约为 2 058 亿美元，稳坐全球最大的农业出口国的宝座。这些都充分体现了美国农业发展在世界范围内的先进水平和卓越质量。美国依托其丰富的资源和地多人少的优势形成了高度规模化的大农场模式，其主要有如下措施：

第一，大力发展家庭农场，推进农业经营的商业化。政府通过为农场提供补贴，鼓励农业向机械化、规模化方向发展，大型农场和种植园成为农业发展的主要形式，提高了农业生产的专业化水平，形成了诸如玉米带、棉花带等著名的农作物生产带；设立数据收集站，运用物联网、大数据等技术手段，收集并公示各类农业基础信息，为农场发展提供了技术支撑和数据支撑；加强农业投入与信贷融资方面的支持，以法律形式为农业提供补贴，在农业投入、农产品价格以及农业保险等方面不断完善立法，提高了美国农业的国际竞争力。

第二，推进产业多元化。尽管受农业自身发展性质的限制，农业发展的多样性和丰富性无法与工业和服务业相比，但美国政府通过规划小城镇和农村周边都市圈，创造了多种类型的就业岗位，扩展了农村居民收入渠道，提高了农村居民的收入水平；农业产销实现从田园种植到餐桌饮食的一体化，形成"农工综合企业"，吸纳了大量劳动力；以非营利的方式成立农场之间的合作组织，促使农业体系运转更加流畅，实现优势互补。

第三，实施精准农业发展方式。以云计算、物联网等为主要方式的农业高科技公司为农场主提供了个性化、高精度的优化和预测服务，依托大数据技术获取环境信息，掌控作物生产过程，以可视化手段实现农产品生长周期的全过程智能决策，提升农业生产效率和智能化程度。同时，更加精细的耕作方式也减轻了资源损耗和环境污染的程度，促使美国农业的国际竞争力大幅提升。

第四，优化农村生活环境。尽管美国城市化率较高，农村居民人数较少，但农村地区在基础设施、公共服务上较为完善，生活环境宜居，配套措施规划合理，自然环境良好。

二、荷兰农业高质量发展模式

荷兰位于欧洲西北部，东部和南部与德国、比利时相邻，西、北部面向北海。尽管它的陆地面积不足 3.4 万平方千米，与我国海南省相当，但其总人口却达到了 1 770 万人，人口密度超过了 500 人/平方千米。荷兰的海岸线绵延 1 075 千米，水域率高达 18.41%。在气候条件方面，荷兰的农业环境并不特别优越：沿海地区夏季的平均气温约为 16 度，冬季则为 3 度；内陆地区在夏季平均气温稍高，达到 17 度，但冬季则降至 2 度。荷兰的年平均降水量为 797 毫米，且四季分布相对均匀。然而，尽管荷兰面临国土面积狭小、人多地少以及农业生产环境并不出众等问题，但它依然依据本土的农业资源禀赋、国内外资源条件以及国际农业市场环境，制定了明确的农业发展战略。经过几十年的不懈努力和探索，荷兰的农业现代化程度已经位居世界前列，成为备受瞩目的农业强国。荷兰之所以能够实现这一成就，主要归功于以下三项关键措施和做法：

第一，重视构建良好的贸易关系。良好的贸易关系能够有效利用国家或地区之间的比较优势，充分利用资源禀赋，为贸易双方带来繁荣。多年来，荷兰一直积极推进农业国际贸易，并努力营造良好的农业贸易环境。荷兰农业的强大与其长期主张自由贸易、保持透明的贸易关系以及积极参与农业区域分工和农业国际贸易是密不可分的。同时，荷兰农业不断做强、做优的过程也与其推进农业贸易的举措紧密相连。无论是作为农业重要的生产者和加工者，还是作为农业原料贸易的积极参与者，荷兰都深知对外贸易的重要性。因此，荷兰农业的成功在很大程度上离不开其积极推进农业国际贸易的战略决策。欧盟内部实行共同的农业政策、取消农业关税、打破动植物检疫的壁垒，建成内部统一的大市场，降低了农业贸易的成本，同时避免了货币波动、政治抵制等风险。欧盟内部优越的贸易环境以及与其他国家建立的稳固贸易关系，为荷兰农业创造了更广阔的市场空间。事实上，荷兰超过70%的农业进出口活动都是在欧盟内部得以顺利进行的。

第二，实施有效的农业贸易支持政策。农业贸易在地区之间的发展不可避免地会对地区内的就业、环境、农产品供应等多个层面产生影响。尽管贸易通常具有积极作用，但它也可能给当地经济和社会发展带来不利影响。对于那些在贸易中具有比较优势的地区或产业，它们往往能够更容易地创造就业机会并提高从业者的收入水平。然而，对于那些缺乏此类比较优势的地区或产业，采取一定程度的保护主义措施也是可以理解的。与对外开放和自由贸易可能带来的负面影响的担忧相比，荷兰选择采取积极的政策措施来应对。除了根据市场环境主动调整自身的经济结构外，荷兰还十分重视对农业从业者的培训和教育。这一举措不仅有助于缓解自由贸易对经济结构的冲击，还对荷兰农业能够长期保持领先地位起到了至关重要的作用。

第三，构建完善的农产品贸易物流运输体系。荷兰作为通往欧盟的关键门户，利用其地理位置优势，在相对较短的距离内从事转口贸易，获得了可观的利润。大部分出口到欧盟国家的农产品实际上是其他国家生产的农产品，经过荷兰再出口。然而，对于距离较远的市场，如日本、中国、韩国和美国，荷兰出口的农产品中有高达90%以上是荷兰本土生产制造的。无论是短途还是长途的农产品贸易，都依赖于高效且便捷的交通运输系统。荷兰拥有出色的交通运输基础设施，包括优质的道路、港口、河流航道、铁路和航空运输网络，这使得它与其他欧洲国家的交通联系非常便利。以荷兰著名的花卉贸易为例，花卉是荷兰最重要的出口产品之一，2019 年花卉在荷兰农产品出口额中所占份额超过 10%。值得注意的是，荷兰出口的大部分花卉产品实际上是从其他国家进口的，特别是邻近的德国、比利时以及远在东非的肯尼亚。这些进口花卉通常通过航空运输从世界各地运抵德国和比利时的机场，然后再转运到荷兰的拍卖场进行销售。这种完善的物流运输体系确保了农产品的新鲜度和质量，对荷兰花卉以及其他优势农产品在全球市场上的竞争力和做强做大起到了至关重要的作用。

三、日本农业高质量发展模式

日本位于亚洲东部，是一个典型的岛国，其国土面积狭小，由 4 个大岛和 7 200 多个小岛组成，总面积为 37.8 万平方千米。尽管日本自然资源匮乏尤其是土地资源严重不足，且面临着人口老龄化加剧，以及火山、地震、海啸等自然灾害的频繁发生，它还是跻身于世界人口密度最高的国家之列，成为典型的人多地少国家。然而，令人称奇的是，日本成功地养活了约 1.25 亿人口。这一成就归功于其发达的农业科学技术，以及长期以来对农业的重视和优良传统。正是这些因素使得日本能够在资源有限且自然环境多挑战的条件下，实现了农业的可持续发展和人口的有效供养。其主要的措施如下：

第一，确保农业的精细生产。日本在其农业模式中很早就引入了"一村一品"的概念，这种模式特别注重专业化的生产布局。在日本，农民往往专注于特定的农作物种植，如有专门种植草莓的，有专门种植番茄的，还有专门种植苹果的，这种"专业种植"的方式非常受重视。日本农业还注重结合每个地区的优势来培育地方产业特色，充分发挥长处，避免短处。每个庄园农场都有自己的核心农产品，这为日本农业经济赋予了独特的特色。通常情况下，日本农民每年只会选择生产 1~2 种农产品，并且生产这些农产品的主要目的是出售。这种专业化的细分生产方式体现了日本对土地资源数量和质量的高度重视，它致力于发掘农业生产中每一个可能的创收机会。通过合理的分工，日本农业实现了精细化的生产管理，最大限度地激发了种植业的潜力，并进一步提高了土地的利用价值。

第二，加大农业的生产补贴力度。日本在农业基础设施建设和环境保护等方面一直慷慨投入资金。以农田水利为例，日本将水利投资置于各种公益事业总支出的首位，特别设立了农田基本建设专项资金。值得一提的是，大多数补贴项目都是由政府全额并全程提供补贴的。在增加资金投入的同时，日本也非常重视相关规章制度的完善。它通过建立监管机构来严格控制资金的使用过程，确保专款专用，从而有效防止农业金融资金被挪用。这种综合性的做法不仅确保了资金的有效利用，也为日本农业的可持续发展提供了坚实的基础。

第三，保障农业的可持续发展。为了确保农业的可持续发展，日本一直在积极探索如何高效利用其有限的土地资源。考虑到土地资源相对匮乏，日本实施了化肥减量政策，以推动有机农业的发展，这是其长期探索的重点之一。日本主要是通过加强绿色农业技术研发，利用粪、尿、落叶等制作有机肥料，选择适合当季气候发展的农业，以水旱轮作栽培的方式减少旱地无机氮肥和氯化物的聚集，尽量减少农业对农田的负面影响。

第四，重视对青年农民的培养。日本通过一系列的有效措施，加大对农业经营者教育机构的财政补贴力度，提高办学建设水平，加强农业人才培训交流学习，培育一批懂技术年轻化的职业农民，有效巩固农业内生动力。另外，通过市民农业园体验项目等，政府部门结合传统农耕文化，加大了对农业发展的宣传力度。日本曾经也面临过乡村人口减少的问题，然而，通过着力打造美丽且宜居的乡村生活环境，日本不仅成功地留住了众多青年农民，还吸引了大批城市居民重返农村。这一举措有效地促进了乡村人口的稳定增长。

第五，提高农机化水平。日本在农机化方面建立了完善的政策法规体系，为提升农机化水平创造了有利条件，其农机化水平已达到90%以上。为解决农机化资金不足的问题，日本特别设立了农机银行，长期为农户提供购置农机的补贴。此外，日本还鼓励农户联合购买农具，并提供丰富的使用、管理和保养指导服务，以确保农机的效能得到最大化发挥。

第二节　国内农业高质量发展模式

本节以我国的广西壮族自治区南宁市、四川省成都市、海南省三亚市为例，介绍国内农业高质量发展的典型模式，分析其发展中可借鉴的经验，以便从实践角度丰富农业高质量发展的研究。

一、广西南宁农业高质量发展模式

南宁即广西首府，属北部湾城市群核心城市，经国务院确认的中国北部湾经济区中心城市，是西南地区连接出海通道的综合交通枢纽。南宁位于广西南部偏西方向，不仅是广西的政治、经济中心，更是广西的文化中心。南宁的辖区总面积达到 2.21 万平方千米，辖兴宁区、江南区等 7 个城区和横州市、宾阳县等 5 个市（县），建有南宁高新技术产业开发区、南宁经济技术开发区、广西—东盟经济技术开发区 3 个国家级开发区。由于地处亚热带，南宁的气候湿润，雨量丰沛，这使得其热带水果、粮食以及经济作物在全国范围内都享有盛誉。在农业生产上，南宁已经形成了以粮食生产为基础，种植、养殖和加工协同发展的现代城郊型农业格局。自"十三五"规划实施以来，南宁将主要资源投入打造现代特色农业示范区上，视此为深化农村改革的具体实践。这一转变，标志着南宁从过去过度依赖资源消耗和数量增长的模式转向注重生态绿色和可持续发展的路径，更加注重产品质量和满足市场需求。2022 年，南宁在农林牧渔业上取得了显著成就，其总产值高达 933.29 亿元，同比增长 4.8%。这一成就的背后，离不开南宁在农业发展上采取的一系列主要措施和策略，具体如下：

第一，打造建设产业园区，为持续发展夯实后劲。为优化农业产业体系，南宁实行规模化、现代化，以此推进优势农产品快速发展特色产业。根据南宁农业农村局的数据统计，截至 2022 年年底，南宁累计获认定的县级现代特色农业示范区达 122 个，其中超过一半的县级示范区已提升建设成为自治区级、市级现代特色示范区，成为引领全市现代农业发展的强大引擎。

第二，发挥独特的产品优势，建立自身品牌特色。为了持续增强企业品牌的影响力，南宁不断深化产业特色，特别是晚熟柑橘、香蕉和火龙果等水果产业，使这些特色更加凸显，并且优质健康的农产品供应量也在持续增加。这样一来，南宁的企业形象更加深入人心。在农业生产方面，南宁深入实施了"三品一标"提升行动和种业振兴行动。2022年，南宁有5家企业被列为国家种业阵型企业，占全区的55.5%；同时，通过自治区审定的主要农作物品种有194个，占全区的60%。南宁还新增了8个绿色食品认证产品，并有9个新品牌入选广西农业品牌目录。此外，南宁还启动了火龙果冠名高铁专列，进一步提升了火龙果的知名度。横州茉莉花和茉莉花茶也蝉联了广西最具价值农业品牌的荣誉，这充分展示了南宁在农业品牌建设方面取得的显著成果。

第三，推动科学技术创新，发展绿色生态农业。为了防治并杜绝农业污染，南宁全面推广了一系列绿色生态的现代化生态养殖模式，包括生态循环农业、水肥一体化、秸秆综合利用以及绿色植保防控等农田生态环保清洁生产技术。这些技术的应用，不仅有助于保护环境，还能提高农业生产的效率和质量。2022年，南宁新增了240万亩高标准农田，并统筹发展了10万亩高效节水灌溉面积。这些举措有效地提高了农田有效灌溉面积的占比，为农业生产提供了更加可靠且可持续的基础。通过上述努力，南宁正在逐步实现农业的绿色转型，为未来的可持续发展打下坚实的基础。

第四，发展培育新型农业生产主体和经营主体。为了推进农业的提档升级，主要还是要依靠农民，并充分调动他们的生产经营热情，其重点在于持续培养并扩大内生型人才，如农业企业集团、农村合作社以及农民家庭农场等新型农业生产经营主体。与此同时，相关部门还应结合党建引领工作，探索经营主体发展的新模式，以提高农民的常识素养和文化技术水平。这将有助于充分发挥农业主体的发展潜力，并全面提升经营方式的组织化程度和规模化程度。2022年，南宁市级以上的农业产业化重点龙头企业总数已达到240家，合作社数量达到5 596家，家庭农场也增加到了1 705家。这些数字充分展示了南宁在农业提档升级方面所取得的显著成果。

二、四川成都农业高质量发展模式

成都是四川省省会，属于超大城市、国家中心城市，地处中国西南地区、四川盆地西部、成都平原腹地，介于东经102°54′至104°53′、北纬

30°05′至31°26′之间，属亚热带季风性湿润气候，全市总面积达 14 335 平方千米。截至 2022 年年末，成都常住人口达 2 126.8 万人。随着新型城镇化进程的加快，成都开始了"城乡一体化—城乡统筹—城乡融合发展"的一系列探索。在这一背景下，成都农业的发展也从城郊农业加速向都市现代农业转型。为了构建具有国际竞争力和区域带动力的都市现代农业，成都坚持把发展都市现代农业作为建设全面体现新发展理念和美丽宜居公园城市的重要内容和关键环节。成都一直致力于探索都市现代农业发展的新路径和新模式，旨在打造都市现代农业产业生态圈，为城市的可持续发展注入新的活力，具体内容如下：

第一，不断优化产业结构。为了推进农业从传统向现代转型，成都以农业产业功能区及园区建设为核心抓手，同时注重"农商文旅体"的融合发展。通过培育休闲农业、会展农业、创意农业以及森林康养等农业新产业和新业态，成都成功营造了多元化的消费场景。这些努力逐步催生了紫颐香薰山谷、天府花溪谷等独具特色的农业主题公园，并助力郫都战旗村、彭州宝山村等地建设成为全国知名的美丽休闲乡村。成都还以市级农产品区域公共品牌"天府源"为引领，构建"市级公用品牌+县级区域品牌+企业自主品牌"的品牌体系，培育发展"蒲江猕猴桃""金堂羊肚菌"等国家地标产品，提升了农业综合竞争力。

第二，不断完善生产体系。在生产环节，成都开展高标准农田建设，划定国家级粮食生产功能区、重要农产品生产保护区 332 万亩以及特色农产品优势区 300 万亩，建立了大宗蔬菜基本保有量制度和生猪最低保有量制度，增强了菜篮子产品供给能力。在流通环节，成都依托四川国际农产品交易中心和成都农产品批发市场两大区域性市场，以及益民菜市等社区超市网点，成功搭建了一个全面的市场体系。此外，成都还建立了农产品质量安全溯源平台，确保农产品从产地到市场的全过程都可以实现有效追溯，从而保障了农产品的质量安全。

第三，不断创新经营体系。成都以龙头企业、专业合作社、家庭农场为引领，重点发展家庭适度规模经营和土地股份合作经营，探索土地股份合作社、"大园区+小农场"等多种经营方式，推动农业适度规模经营；创新探索"农业共营制"，有效破解"谁来经营""谁来种地""谁来服务"三大难题。从改革创新方面来看，成都深化农村集体产权制度改革，探索推进集体经营性建设用地入市，实现农村闲置资产的有效盘活，激发了现代农业发展活力。为了推进都市现代农业的发展，成都还创新推出了"农贷通"融资服务平台和政策性农业保险，并出台了一系列相关政策。这些举措为都市现代农业的蓬勃发展提供了良好的环境和支持。

三、海南三亚农业高质量发展模式

三亚地处海南最南部，不仅是海南转运的交通枢纽，更在中国南部贸易口岸对外交流中扮演着重要角色。由于其独特的地理位置，北纬18度的热带海洋性季风气候，三亚阳光充足，雨量丰沛，被誉为"天然温室"，为热带农业的发展提供了得天独厚的条件。三亚紧紧围绕"打造热带特色高效农业"的发展目标，坚持生态优先、绿色发展、品牌塑造和产业结构调整的发展思路。通过重点发挥自身热带特色农业的资源优势，不断优化和完善农产品行业结构，三亚正努力推动农业生产向产业化、规范化、品牌化方向发展。这一系列的举措不仅提升了三亚农业的竞争力，也为该地区的可持续发展注入了新的活力，主要措施如下：

第一，打造自身的企业品牌。三亚通过行之有效的宣传推广措施，打造地理标志品牌意识不断提高，擦亮了地理标志"金名片"，成为农民增收的致富果。2011年，三亚注册地理标志集体商标。2021年，在中国品牌价值评价中，三亚芒果的品牌强度为864，品牌价值为93.22亿元。据统计，三亚有"三品一标"认证企业60家，产品达89种。其中，三亚创建了芒果特色农产品优势产区，培育了"三亚芒果""三亚甜瓜""三亚莲雾"3个区域公共品牌，居全省领先。"三亚芒果"2018年荣登中国区域品牌（地理标志）前100排行榜，并获得海南省区域公用品牌大赛二等奖；2018—2020年，"三亚芒果"连续荣登中国果品区域公用品牌价值榜，由第27名（品牌价值为26.21亿元）攀升至第21名（品牌价值为33.72亿元）；"三亚芒果"获2019年首届农产品区域公用品牌"神农奖"，品牌价值达30.82亿元；2021年，"三亚芒果"品牌价值已达33.72亿元。此外，三亚还围绕三亚芒果产业标准化发展，整合三亚芒果产前、产中、产后系列技术规程，形成《地理标志产品三亚芒果》标准技术规程，涵盖从生产到包装各个环节。

第二，坚持产业的探索发展。三亚凭借四季如春的气候条件和丰富的光热雨量资源，不断探索和实践新的生产经营模式。其中，万橡雨林产业园采用了"企业+个体+入股+分红"的园区经营方式；育才火龙果科技示范园区采用了"企业+农区+农户"责任股份承包经营模式和"基地农场+联合社+个体（职工）"等多样化的承包管理经营模式；崖州区抱古村热带睡莲种植示范区通过"科研所+企业+合作社+个体"的生产经营模式，紧密结合当地实际情况和自身条件，因地制宜地推动产业发展。这些模式有效地促进了农民脱贫致富，实现了企业和农户的共赢。

第三，发挥新型主体的作用。在政府的主导下，三亚明确了政策目标，营造了良好的发展环境，并强化了政策支撑，以充分发挥新型农业经营主体在农业转型中的引领作用。三亚致力于创新产业链发展模式，加快农业多元化进程。为实现这一目标，三亚采取了双管齐下的策略。一方面，其鼓励社会各界力量积极参与特色农业、乡村旅游、娱乐农庄等创新农业模式，重点发展多方合作经济体和具有区域代表性的企业。这种多元化的参与不仅为农业注入了新的活力，也促进了乡村经济的繁荣发展。另一方面，其遵循"规模化、集约化、专业化、标准化"的发展思路，按照"有理想、有情怀、懂技术、擅管理"的要求，重点培育热爱农业、理解农业、致力于农业的劳动者。支持以多种方式建设规范化的农业产业化示范园区，这既为龙头企业提供了优质的农产品原料，又提高了个体农民的生产水平。通过这些举措，三亚努力推动热带特色农业向产业化、多元化、高效化趋势迈进。

第四，加大扶持资金的投入力度。为了推动海南热带特色农业的升级转型，适应多变的市场需求，并进一步提升农产品品质和市场竞争力，2014年至今，海南每年都会拨出1亿元的专项财政资金用于农业品牌建设。这笔资金不仅会根据财政增长和项目进展情况进行年度调整，还会根据项目的实施效果逐年增加。这些专项财政资金主要用于支持生产示范园区、产品投产基地设施、优良品种保护与开发、农产品营销推广以及企业贷款补贴和奖励。与传统的补贴方式不同，当地政府采取生产奖励的方式，更加灵活、有效地扶持了10个以上的市级农民合作社。每个参加合作社的农民可获得15万元的一次性奖励资金，每个家庭型农场则可以获得

10万元的一次性奖励资金。这些奖励措施改善了生产环境，优化了经营模式。同时，海南还鼓励品牌企业积极引进新技术、新设备和新方法，以加快生产转型，迅速提升农产品品质。这不仅为新型农业主体带来了发展机遇，还取得了显著的经济效益和社会效益。通过实现规模化、绿色化、标准化和集约化的生产经营模式，品牌的综合竞争力得到了大幅提升。

第三节　经验借鉴

农业发展已经进入高质量导向的阶段，更加注重质量效益。为更好地发挥农业的基础性支撑作用和多重功能，我们要转变农业发展方式，不断推进三次产业融合，促进农业农村发展。总结概括国内外农业高质量发展模式，主要有以下可以借鉴的经验：

第一，加快产业发展提升。要想推动农业农村的发展，我们就必须结合国内外成功案例，根据本地优势因地制宜地推进特色产业建设。通过利用博览会、电商等平台，我们可以打开国内外销售市场，为农产品拓展更广阔的空间。同时，建设农业示范区，打造具有地方特色的产品品牌也是关键所在。这些举措将有力地推动产业朝着大、强、精的方向发展，为农业农村的繁荣注入新的活力。

第二，推进农业规模化经营。农业现代化进程清晰地揭示了一个事实，即建立有效的农业合作体系对于推动传统农业向现代农业高质量发展的转型具有决定性意义。我们可以通过家庭农场、合作社等形式，加快农业集约化、合作化生产，并以电子商务等手段畅通经营渠道，为农业生产循环和周转提供有力保障。

第三，加大农业科技研发投入力度。我们要完善农业研发体制机制，重视种业等基础性农业技术工作，同时积极推进科研成果的转化和应用，并搭建科研院所、企业、生产经营主体之间高效联系与合作的桥梁，提高研发体系与需求结构的适配性。

第四，探索绿色高效农业。随着社会的不断进步，人们对绿色有机农产品的需求日益增长。因此，绿色农业的发展变得尤为重要，它强调将农业发展与生态环境紧密统筹协调,以实现可持续的农业良性循环。为了最大限度地利用有限的农业资源,我们必须坚持绿色发展理念,通过加强宣传推广、增加政策资金支持以及加强准入准出监管等措施,将环境保护作为农业可持续发展的核心支柱。通过借鉴成功案例的经验,我们可以更好地推动绿色农业的实践,让绿色生态环境成为农业高质量发展的坚实保障。

第六章　重庆市长寿区农业高质量发展的条件及现状

为积极响应国家实施乡村振兴战略的重大决策部署，重庆市长寿区认真贯彻落实党中央、国务院和重庆市关于乡村振兴战略的部署及农业发展工作会议精神，深入贯彻落实农业供给侧结构性改革政策，促进农业高质量发展。目前，重庆市长寿区农业农村经济发展总体形势良好。

第一节　长寿区区情

长寿区隶属重庆市，地处重庆腹心，位于东经 106°49′22″—107°27′30″，北纬 29°43′2″—30°12′30″，地处重庆市主城区东北隅，地跨长江南北，东南接壤涪陵区，西南与渝北区、巴南区为邻，东北接垫江县，西北与四川省邻水县相接。长寿区是首批国家级环都市区产业转型升级示范区之一、西部地区重要的综合性化工基地、重庆主城都市区同城化发展先行区。万吨级船队常年可通江达海，渝怀、渝利、渝万城际铁路和渝宜、长涪、三环高速交织交汇，是重庆水陆交通的重要枢纽。长寿区辖区面积达 1 424平方千米，2022 年户籍人口为 86.9 万人，常住人口为 69.29 万人，下辖7 个街道，12 个街镇①。

长寿区属中亚热带湿润季风气候，四季分明，气候温和，冬暖春早，初夏多雨，盛夏炎热常伏旱，秋多连绵阴雨，无霜期长，温差大，多雾少

---

① 数据来源于《重庆市长寿区统计年鉴 2023》。

日照。长寿区常年平均气温为17.68℃，最高为20.4℃，最低为16.7℃，多数年份极端高温达38℃，极端最低温达0℃，曾有日极端最高温44℃和日极端最低温-6.1℃出现。长寿区常年降水量为1 162.7毫米，最高降水量为1 457.7毫米，最少降水量为836.5毫米，日最大降水量为196.3毫米。长寿区平均相对湿度为春季79%、夏季77%、秋季和冬季83%。长寿区常年平均无霜期为360天，最长为365天，最短为349天。其风向多北北东、少西西南。

2022年，长寿区土地总面积为142 144.54公顷，其中耕地面积为43 896.42公顷，占土地总面积的30.88%；种植园用地面积为11 438.18公顷，占8.05%；林地面积为45 469.47公顷，占31.99%；草地面积为358.75公顷，占0.25%；湿地面积为563.41公顷，占0.40%；城镇、村居民及工矿用地面积为17 414.00公顷，占12.25%；交通运输用地面积为4 100.90公顷，占2.88%；水域及水利设施用地面积为12 414.51公顷，占8.73%；其他土地面积为6 488.90公顷，占4.57%；全区集体土地面积为114 060.09公顷，占80.24%；国有土地面积为28 084.45公顷，占19.76%①。

第二节　长寿区农业经济现状

本节主要从农业产值、现代农业"三园"基本情况、特色农业产业三个维度分析长寿区农业经济的发展现状。

一、农业产值

2022年，长寿区实现农林牧渔业增加值为64.4亿元，增长3.0%；实现农业总产值为98.3亿元，增长0.9%；同时，粮食播种面积为6.13万公顷，产量达32.4万吨②（谷物播种面积为3.55万公顷，产量为25.6万吨；豆类播种面积为1.07万公顷，产量为1.8万吨；折粮薯类播种面积为1.51万公顷，产量为5.0万吨），蔬菜及食用菌播种面积为1.49万公顷，

---

① 数据来源于《重庆市长寿区统计年鉴2023》。
② 1吨=1 000千克，下同。

产量为 39.0 万吨，瓜果类播种面积为 0.13 万公顷，产量为 3.7 万吨，园林水果播种面积为 1.48 万公顷，产量为 20.2 万吨，油菜籽播种面积为 0.59 万公顷，产量为 1.2 万吨。长寿区全年生猪出栏 58.7 万头，增长 1.7%，猪肉产量为 4.6 万吨，增长 2.3%，年末生猪存栏 36.3 万头，增长 0.3%；全年牛出栏 0.5 万头，下降 4.0%，年末牛存栏 1.2 万头，下降 0.6%；全年家禽出栏 1076.4 万只，下降 1.2%，禽肉产量为 1.6 万吨，下降 1.8%，禽蛋产量为 6.5 万吨，增长 6.9%。长寿区全年水产品产量为 4.7 万吨，增长 4.2%[①]。

二、现代农业"三园"基本情况

重庆长寿现代农业园区覆盖 7 个街镇、47 个村，分为现代农业种植园区、长寿柚种植园区、现代畜牧园区三个功能片区，是长寿区创新传统农业发展模式，以发展工业的"园区"理念推动农业现代化跨越式发展的最新成果，是大力发展特色效益农业的综合平台，加快推进农业现代化的有效载体。该园区主要发展晚熟柑橘、长寿柚、生猪、设施蔬菜和花卉苗木等产业。自 2009 年启动以来，重庆长寿现代农业园区已建成各类产业基地 20.6 万亩，现代农业园区基本建成，投产率 93%。截至 2022 年 12 月底，该园区已入驻企业 72 家、农村专业合作社 70 家、家庭农场 150 个，累计合同引资达 216.19 亿元，完成投资 76.48 亿元；覆盖区域内 11 万农村劳动力中，在园区常年务工者达 1.6 万人，区外务工者达 5.4 万人，进城就业者有 4 万人。该园区还建成了重庆市最大的标准化晚熟柑橘基地、长寿柚种植基地、蛋鸡养殖基地和种养循环农业基地，获得绿色食品数量达 15 个。重庆市长寿区标杆养鸡股份合作社获批全市首个鸡蛋类的出口食品生产企业备案证明；长寿沙田柚被列入《中华人民共和国政府与欧洲联盟地理标志保护与合作协定》地理标志名录，获得销售国外的行政许可。该园区先后被评为全国首批国家农业产业化示范基地、国家农业科技创新与集成示范基地、国家农业科技园区。2022 年，该园区产值达 36.95 亿元，主要动植物良种及先进种养技术覆盖率达到 90% 以上，农产品商品化率超过 70%，农机综合化率达 70% 以上，标准化生产率达 95% 以上，农业规模

---

① 数据来源于《重庆市长寿区统计年鉴 2023》。

化经营比重达到 80%，园区产业覆盖区域农村居民人均可支配收入达 26 250 元。

现代农业种植园区成立于 2010 年 5 月，涉及双龙镇、龙河镇 2 个镇，规划面积为 50 平方千米，可用于农业开发的土地面积约为 6 万亩。该园区充分利用长寿日照充足、雨量充沛、无霜期长等气候优势，大力发展晚熟柑橘、设施蔬菜、花卉苗木等特色产业；累计引进澳门恒河、陕西海升等 33 个项目，合同引资达 36.4 亿元，建成各类产业基地达 5.6 万亩。其中，该园区通过广泛运用生物、物理技术和测土、测叶配方施肥技术，建成全国最大的标准化晚熟柑橘园 5.1 万亩，春见、大雅、W.默科特、塔罗科、晚熟脐橙等优质晚熟柑橘远销国内外。2022 年，该园区出产晚熟柑橘 10 万吨、蔬菜 2.5 万吨、花卉苗木 220 万株，实现产值达 7.4 亿元。

现代畜牧园区成立于 2010 年 12 月，是重庆首个市级现代畜牧园区，涉及新市街道、葛兰镇、双龙镇、龙河镇、石堰镇、长寿湖镇 6 个街镇，总投资额为 37 亿元，规划面积为 52 平方千米，其中生猪板块为 30 平方千米、奶牛板块为 20 平方千米、畜牧工业板块为 2 平方千米。该园区已流转土地面积 1.1 万亩，主要建设有 30 万头生猪全产业链、60 万只蛋鸡养殖；已建 6.4 万亩配套果蔬种植和生猪屠宰、饲料加工、畜牧机械等项目。广东温氏、凯年食品、重庆长太、重庆长水禽业、重庆标杆等 28 家企业先后落户该园区，其中国家级龙头企业有 2 家、国家级专业合作社有 1 家、市级微型企业孵化园有 2 个。2022 年，该园区出栏生猪 30 万头、禽蛋约 4.23 万吨，出产饲料约 13.5 万吨、有机肥约 8.1 万吨，实现产值 23.75 亿元。

长寿柚种植园区成立于 2010 年 11 月，涉及邻封镇、长寿湖镇、但渡镇、渡舟街道 4 个街镇，规划面积达 62.18 平方千米，重点发展闻名全国的长寿柚产业。该园区紧紧围绕果园、家园、田园做文章，以"产业建设、基础设施建设、田园综合体建设"三大工程为抓手，全面推动"现代园区、畅通园区、幸福园区、观光园区"快速发展，已流转土地面积达 1.3 万亩。2022 年，长寿柚种植面积达 7.5 万亩，全部投产，产出特、甲级果 6 000 万个，柚果收入占农民人均纯收入的 70%以上，实现产值 5.8 亿元。

三、特色农业产业

长寿区素有"膏腴之地、鱼米之乡"的美誉，这里土地肥沃，气候温润，雨量充足，宜种性广，发展农业具有先天优势和良好基础，历史上盛产水稻、玉米、大豆、油菜、榨菜、蚕桑、柑橘类水果和淡水鱼等。

2018年，长寿区正式对外发布"自然长寿"农产品区域公用品牌，通过对优质资源的系统整合和价值重塑，促进农业高质高效、农村宜居宜业、农民富裕富足。21世纪以来，在全面推进乡村振兴战略的引领下，长寿区坚持以做靓"自然长寿"区域品牌为引领，以创建国家现代农业产业园为主线，聚焦农文旅城融合发展推动乡村产业振兴，打造形成以长寿米为主导，长寿柚、长寿橘、长寿鱼、长寿蛋四大特色产业为支撑的"1+4+N"现代山地特色高效农业产业体系，以及健康食品——膳食补充剂、粮油、畜禽产品、饲料及添加剂、橡胶制品、绿色智能家居六大加工产业链。长寿农业产业实现跨越式发展："自然长寿"品牌效应逐步放大；成功创建国家农业科技园区、全国水产健康养殖和生态养殖示范区、全国"一村一品"示范村、美丽休闲乡村、乡村旅游重点村等"国字号"称号14个；获批"两品一标"和市级名牌农产品134个；长寿血橙和长寿柚分别入选全国名特优新农产品名录和地理标志农产品；长寿有机鱼和长寿鸡蛋产量居全市第一；长寿柚和长寿鸡蛋走出国门；打造出长寿鱼面、长寿血豆腐、长寿薄脆、长寿米粉等一批深受消费者喜爱、独具长寿特色的加工农产品。

（一）长寿柚产业发展现状

长寿柚是沙田柚品种，长寿区种植沙田柚已有上百年的历史。截至2022年年底，沙田柚种植面积达9.84万亩，总产量为6.9万吨，总产值达5.72亿元，其主产区主要分布在邻封、但渡、长寿湖、葛兰、云台、龙河、石堰、新市等10个镇街，其中邻封镇是长寿柚的主产区。

长寿柚品种分为薄皮、冬瓜圈、古老钱、菊花星、癞疙疤、沙橙6大品系，其中以古老钱为长寿柚最具优势的代表品种。长寿柚每年11月成熟，橙黄色艳，形似葫芦，脆嫩化渣、醇甜如蜜，食之汁多味浓，沁人心脾，富含糖、矿物质、有机酸和多种维生素。其富含的维生素C（抗坏血酸）高于梨和苹果的5～20倍，特具润肺、止咳、平喘的功效，对便秘和脑血管疾病患者有特殊疗效，经常食用可延年益寿。长寿沙田柚耐贮性强，经保鲜处理后，在常温下可贮存半年以上，有"天然罐头"之美称。

1978年，全国柑橘科学大会将长寿沙田柚列为世界先进柑橘品种。1986年和1989年，在原农牧渔业部举办的第一、第二届全国优质水果评选中，长寿沙田柚均位列同类果品第一名。2001年，长寿沙田柚被评为中国国际农业博览会名牌产品；2006年，其获得"中华名果"荣誉称号；2009年，其获得国家地理商标认证；2018年，其获得中国·重庆首届柚博会"十大名柚"奖；2019年，其被评为三峡柑橘"十大名品"；2020年，其获得全国名特优新农产品。长寿柚主要从以下四方面促进产业发展：

一是提升长寿柚品质。长寿区重在推广前沿种植技术，探索规模化、标准化、无公害果园建设；多次开展长寿柚管理技术培训，专题举办大实蝇防治技术和柑橘溃疡病识别技术的培训，提升种植业主和果农的整体管理技术水平；2022年和重庆市农科院一起实施长寿柚提质增效示范项目，围绕化肥农药双减开展长寿柚果园绿色防控技术，运用树干刷白、悬挂诱虫色板、果实套袋等物理、生物防控技术，降低化学农药使用量，打造生态效益突出的特色长寿柚产品。

二是强化现代化果园建设。长寿区通过整合农综、国土、林业、水利等部门资金，充分发挥涉农资金的集聚效应，分期分批集中投入，大力改善沙田柚基地基础设施建设，提高了农业综合生产能力，实现了路相连、渠相通的目标，做到发展一片、成功一片，加快沙田柚产业发展。

三是发展新型经营主体。近年来，长寿区引进了4家农业企业，成立了46个长寿柚专业合作社，共有近7 000家种植农户入社；培育长寿柚科技示范户90户；培育长寿柚家庭农场28家，其中市级示范农场2家、区级模范农场3家、区级示范农场9家；培育长寿柚绿色食品基地1个；组织广大柚农积极申报"三品一标"农产品，已获得国家地理商标认证；成功创建2家长寿柚绿色农产品；构建品种优良、规模适度、效益突出的特色产业发展新格局。

四是推动产业融合发展。依托长寿柚产业优势和号召力，长寿区大力发展生态旅游、基础设施建设、文化、休闲及各类服务业；连续举办长寿柚擂台赛和长寿柚文化旅游节共计11届；积极开发符合市场需求的加工产品，打造出柚子菜、柚子茶、柚子酒、柚林貂蝉等特色产品；将万亩柚林与东林寺、龙溪河、油菜花结合，成功打造"十里柚乡·百里花海"乡村生态观光园；鼓励和支持周边农户发展农家乐28家，利用闲置农房开发建设民宿业，旅游收入约2 500万元。

（二）长寿橘产业发展现状

长寿区地处长江柑橘带，长寿湖、大洪湖和长江库区形成了良好的水体效应，具有独特的气候优势和地理优势，是"全国晚熟柑橘最适生产区之一"。全区柑橘种植面积为30.9万亩，产量达24.6万吨，产值达25亿元；柑橘类新型经营主体超过200家；建成世界一流，全国面积最大，标准化、规模化程度最高的晚熟柑橘基地；曾获"三峡杯"优质柑橘评选金奖、"三峡柑橘十佳名品"等荣誉和全国"名特优新"农产品认证。长寿区积极推进现代柑橘产业标准化建设，建成全市面积最大的标准化晚熟柑橘基地和全市最大的长寿柚种植基地，已经形成了以W.默科特、塔罗科血橙、春见、沃柑等优质品种组成的"长寿橘"系列产品。柑橘产业不仅让"自然长寿"区域公共品牌蜚声海内外，更让一大批果农鼓了腰包，为促进长寿区农民增收、城乡人口就业和地方经济发展做出了重大贡献。长寿柑橘产业发展取得了如下成效：

一是"全域化"覆盖谋划柑橘产业发展。长寿区坚持"规划先行、通盘谋划"，将柑橘产业发展融入农业农村发展大局和乡村振兴综合试验示范大局中进行通盘谋划考虑，打造以长寿湖为核心的塔罗科血橙优势区、以现代农业园区为核心的晚熟杂柑优势区、以邻封为核心的长寿柚优势区，集约化、标准化提升柑橘产业；在整体推进乡村振兴综合实验示范的基础上，重点推进2个市级试验示范镇、4个市级试验示范村和17个区级试验示范村乡村振兴工作，其中15个市区两级试验示范村的主导产业确定为柑橘产业。

二是"工业化"理念打造柑橘全产业链。长寿区坚持"园区引领、龙头带动"，用发展工业的理念一体化发展柑橘产业，充分发挥园区平台作用；以发展工业的"园区"模式发展现代农业，规划建设现代农业"三园""五区"，有效地吸纳各方资源集中推进农业现代化发展。园区现已成为集国家农业产业化示范基地、国家农业科技创新与集成示范基地和国家农业科技园区于一体的现代农业示范基地。长寿区投资21亿元建设重庆东部国际农产品交易中心，已签约商户有2 000余家，大大带动了特色产业加工物流发展，实现特色产业链条有效延伸。

三是"绿色化"导向促进柑橘产业提质增效。长寿区坚持"质量强农、绿色兴农"，以绿色农业科技为支撑促进柑橘产业提质增效；强化有机肥推广使用，开展化肥减量增效和有机肥替代示范2万余亩，完成柑橘类绿色产品认证5个品种，面积达1.4万亩；推广测土测叶配方精准施肥2万亩、生物物理病虫防治技术3万亩、水肥药一体化技术4万亩、无人机绿色防控5万亩、晚熟柑橘冬季防落越冬技术5万亩；开展柑橘大实蝇统防统治2万亩，推广LED太阳能杀虫灯1000盏，覆盖面积达5万亩；与市农委、市农科院和西南大学签订了农业技术服务战略协议，完成现代农业园区专家大院和试验示范基地建设。

四是"常态化"监管柑橘产品质量安全。长寿区坚持"安全监测、品牌认证"，2022年分别完成柑橘样品农药残留快速检测300余个和定量检测100余个，合格率达100%；将农产品"三品一标"认证企业全部纳入国家与市级农产品质量安全追溯平台进行管理；2022年新认证柑橘绿色食品4个，获评2022年度重庆名牌农产品2个，有效期内绿色食品19个、重庆名牌农产品10个，长寿柚、长寿血橙成功获评"全国名特优新农产品"称号；累计开具食用农产品承诺达标合格证2万余张，附带合格证上市的产品有3800余吨。

（三）长寿鱼产业发展现状

长寿湖是长寿区在"一五"期间由苏联援建的狮子滩水电站拦截长江一级支流龙溪河而成，蓄水后形成了拥有203个岛屿、水域面积65.5平方千米的独特湖岛景观，养殖水域达到7.6万亩，年产长寿湖富硒有机鱼400多万千克，是重庆市最大有机鱼生产基地和唯一富硒有机鱼产地，获得原农业部授予的"水产健康养殖示范场"。大洪湖有机鱼生产基地位于大洪湖长寿段水域，面积有2万余亩，是集有机水产品生产养殖、垂钓休闲、捕捞体验及科普教育于一体的重庆市著名渔业生产基地和旅游休闲示范基地，也是具现代技术规模的市级良种繁育场，共有鱼种培育基地418亩、"名优鱼"繁殖基地80亩，室内孵化车间达450平方米，年繁殖鱼苗能力可达2亿尾。其拥有高标准养殖池塘600余亩，建成低碳高效微流水循环浮式养殖槽42个，实现了生态渔业养殖全程机械化、智能化，年产各种商品鱼达250万千克，生产的渔缘牌白鲢、花鲢、红鲫鲌、甲鱼、鲤鱼、鲫鱼、鲶鱼和鳊鱼 8 个品种获得有机水产品认证。

近年来,长寿区深入贯彻绿色发展理念,将渔业作为乡村产业振兴的重要增长极,深入实施"三品一标"提升行动,健康生态渔业向高质量全产业链发展稳步迈进,成功创建国家级水产健康养殖与生态养殖示范区,实现渔业总产值 15 亿元,全区水产养殖面积和水产品产量分别位居全市第一和全市第三,成为全市最大的有机水产品健康养殖基地。长寿鱼产业发展取得了如下成效:

一是以体制创新为基础,健全渔业发展制度框架。①强化组织领导。区委农村工作暨实施乡村振兴战略领导小组下设乡村产业振兴工作专班,主抓山地特色高效农业和农业生产"三品一标"提升工作,将 10 万亩健康渔业养殖工程纳入全区"一主两辅"优势特色产业重点打造。②坚持规划先行。当地政府编制了《长寿区养殖水域滩涂规划(2018—2030 年)》和《长寿区水产养殖业发展规划(2020—2025 年)》,科学布局不同类型的养殖水域滩涂,稳定水产绿色健康养殖面积,水产品产量保持全市第一。③稳定政策支持。长寿区建立农产品"三品一标"认证补助政策,对于首次认证市级名牌农产品、绿色食品和有机农产品的经营主体,分别给予 3 万元、5 万元和 10 万元的补助,续展的给予 1 万元补助;将国家高端有机鱼健康养殖示范基地项目纳入区级重点项目库,带动社会资金投入1.5 亿元,促进了产业提档升级。

二是以种业振兴为突破,着力培育名优水产品种。①强化苗种繁育。长寿区全面实施种业振兴行动,成功创建国家级水产健康养殖与生态养殖示范区;探索开展鲈鱼、大鳍鳠等名优品种繁育,年繁育花鲢、白鲢、鲫鱼等优质鱼苗达 3 亿尾,培育规格鱼种达 7 000 吨,鱼苗繁育能力居全市前列,主要销往四川、贵州、云南等省份。②推广优良品种。长寿区以黄颡鱼、鲈鱼、翘嘴红鲌、鳊鱼等为主,发展特色水产养殖,形成"四大家鱼稳中向好,名特优品种异军突起"的渔业养殖新格局。其中,尤其以黄颡鱼、翘嘴红鲌、鲈鱼最有特色,养殖产量占全市同类产品的 20%;黄颡鱼示范单产达 7 000 斤/亩,为全市之最。③深化试验示范。长寿区依托重庆市生态渔业体系长寿综合试验站和西南大学教育试验基地,积极开展新技术、新品种试验示范,区水产站获"全国星级基层农技推广机构"称号;开展"浮式池塘内循环微流水模式"试验并取得成功,建成流水养殖槽90个，获得专利7个，流水槽单槽效益超过5万元；池塘内循环微流水养殖基地"鱼—蚌混养新模式"获得国家贝类产业体系专家认可。

三是以绿色生态为导向，全面提升健康养殖品质。①创新生态养殖模式。长寿区以长寿湖和大洪湖为主体，开展"人放天养"大水面生态养殖模式，年产有机水产品达5 000吨；设立水质监测点50余个，建成多级人工湿地、工程化尾水处理、鱼菜共生等尾水治理示范点8个，推广鱼菜共生、稻田综合种养5 000余亩，全过程管好、治好水产养殖尾水。②加强产品品牌建设。长寿区开展生态商品鱼基地"绿色、有机水产品"申报认证，认证绿色食品2个、有机水产品13个，其"长寿鳙鱼"更是成功创建全市首个水产类特色农产品优势区。长寿区有机甲鱼获第八届中国国际有机食品博览会优秀产品奖和第十五届中国绿色食品博览会金奖。③完善质量监管体系。相关部门对全区规模水产企业进行清理登记，积极引导渔业养殖业主推行绿色、有机水产品生产标准和技术规程，强化水产生产基地巡查，从源头上保证了水产品质量安全；加强质量安全抽检，开展鲢鱼、草鱼、鲫鱼、鲈鱼等水产品违禁药物快速检测400余个，定量检测50余个，检测合格率保持在100%。

四是以自然长寿为本底，擦亮长寿有机渔业品牌。①做响长寿鲜鱼品牌。长寿区实施乡村振兴"自然长寿"品牌打造工程，成功对外发布"自然长寿"农产品区域公用品牌；制定"长寿鱼"品牌策划包装细化方案，将"长寿鱼"打造成为"自然长寿"农产品新名片。其中，17个水产品获评"重庆名牌农产品"；有机鳙鱼入围重庆市首届"我最喜爱的20大重庆名牌农产品"；长寿大洪湖有机鱼已成功进驻重庆百货新世纪超市等大型商超，在重庆主城及区县开设商超网点、自营网点40个。②探索统一经营模式。长寿区依托市级农业产业化龙头企业重庆大洪湖水产有限公司，通过"公司+农户"模式发动周边100余名渔民实施生态养殖，统一鱼苗、统一鱼饵、统一施药、统一管理、统一品牌、统一销售，经营大洪湖水域面积1.5万亩，实现年产值4 000万元，固定合作渔民人均年收入达5万元以上。③构建渔业全产业链。长寿区加快发展以鱼面为主的水产品加工业，年加工鱼面为200余吨，长寿鱼面、长寿全鱼宴驰名全市，成为全市重要的特色产品及旅游馈赠佳品，其制作工艺入选非物质文化遗产名录；大力发展休闲渔业，每年组织开展开渔节、乡村垂钓节等渔业休闲旅游节会，建成全国休闲渔业基地 3 个，配套发展露营点 10 个、酒店及农家乐 110 家、餐饮店 200 余家，打造以"渔"为主题的精品旅游线路 2 条，实现休闲渔业年产值 1 亿元以上。

（四）长寿蛋产业发展现状

重庆市长寿区积极探索"公司+合作社+农户"的运营模式，推动当地蛋鸡养殖规模化、集约化、标准化发展；同时，还通过完善基础设施、鼓励企业加大科研投入力度、推广自动化养殖、加强产销结合、延伸产业链等方式，助力蛋鸡产业提档升级。长寿区的蛋鸡产业以"品种良种化，防疫规范化，产品绿色化，畜牧产业化"为目标，近年来呈现持续、快速、健康的发展势头，目前已经建成重庆市蛋鸡特色养殖示范区和西南地区最大的禽蛋生产基地。为提升鸡蛋的品质，长寿区推行全自动化养殖，采用全自动蛋鸡养殖设备，提高了饲养水平，蛋鸡的产蛋率比传统养殖高出 3%~5%。此外，全区还认证了"绿花""绿寿"鸡蛋两个无公害农产品，绿花牌鸡蛋更是被评为重庆名牌农产品。

禽蛋养殖作为重庆市长寿区四大优势主导产业之一，蛋鸡存栏量常年保持在 500 万只以上，鸡蛋年产量约为 5.5 万吨，是重庆市规模最大的禽蛋基地。葛兰镇是长寿区蛋鸡养殖传统强镇，蛋鸡存栏量占全区总量的 1/5 以上，蛋鸡养殖成为带动当地乡村振兴和农户增收的关键致富产业。葛兰镇笼养蛋鸡产业起源于 20 世纪 90 年代初，其作为重庆市 400 万只笼养蛋鸡基地镇，笼养蛋鸡发展到 2005 年，规模养殖笼养蛋鸡达 250 万只，经济收入占农业总产值的 51%。近年来，蛋鸡产业逐步形成以长寿区标杆专业合作社为龙头的产、供、销及初加工龙头养殖企业。长寿区以重庆可美农产品有限公司、重庆丰君禽蛋销售公司、康文禽蛋销售公司等 5 家公司集禽蛋收购、销售企业，以长寿区康乐包装公司、重庆康文禽蛋销售公司 2 家公司提供蛋品包装企业，以天正畜牧饲料公司、长源饲料公司等 3 家企业集饲料、原料提供企业，形成以龙头牵市场，市场带动蛋鸡养殖的产业化经营格局。禽蛋远销我国广东、湖北、广西、云南、四川和香港、澳门等地区，以及俄罗斯、东南亚、非洲等国家，已成为该镇农业经济的支柱产业。2022 年年末，该镇蛋鸡存栏 130.5 万只，鸡蛋年总产量达 1.83 万吨，分别占全区的 30% 和 22%。全镇规模化蛋鸡养殖场有 34 家，占全区的 30%。该镇是全区最大的鸡蛋生产基地，以重庆标杆农牧科技有限公司、长寿区标杆专业合作社等重点企业为引领，初步形成集饲料研发、育雏育成、鸡蛋销售、蛋鸡饲养规模、品种、技术和产业化经营等于一体的较为成熟的产业链。

第三节 "农文旅"融合发展——"橘乡福地·长寿慢城"

"慢城"顾名思义即放慢生活节奏的城市形态。"慢城"的打造方式与过去大拆大建的城市发展理念完全不同，它不是建造一个城市中心，而是选择把提升当地居民生活质量作为目标，是展现生产、贸易、消费的一种全新方式，这与我国的乡村振兴战略不谋而合。"慢城"最初诞生于意大利，截至2018年年底，全球已有30个国家和地区的262个城市加入国际慢城联盟组织，集中分布于意大利、德国等欧洲国家，亚洲慢城主要分布于韩国、日本等发达国家。截至2023年6月底，全球共有291个国际慢城分布在33个国家和地区。截至2024年6月底，我国已有17个国际慢城，"橘乡福地·长寿慢城"也正在积极申请中，以期成为西南第一个国际慢城。

"橘乡福地·长寿慢城"位于长寿区龙河镇，是集"慢食、慢居、慢行、慢游、慢购、慢娱"于一体的乡村振兴战略试验示范区、现代生态农业文化展示区、现代田园休闲度假新目的地、"产学研游"现代农业休闲旅游大美乡村。长寿区深挖寿乡特色文化，打造"慢游四园"，探索"农文旅"融合发展新路径。"农文旅"融合发展是释放农村活力、发展现代农业、促进农民增收的有益探索，也是推进乡村振兴的创新实践。长寿区作为重庆市乡村振兴综合试验示范区，将"国际慢城"理念同乡村振兴总要求、总目标、总方针结合起来，充分利用龙河镇四坪村、保合村、河堰村独特的生态资源，依托寿乡"特色文化""耕读文化"和"秀才文化"，以建设"橘乡福地·长寿慢城"为核心，高标准打造休憩体验"心灵花园"、三产互动"生态田园"、和谐有序"乡村乐园"和安居乐业"幸福家园"，因地制宜探索形成"慢生活文化引领+新运营模式引导+村集体发展引航""农文旅"融合发展的新路径。

一、以"慢行+慢游+慢居"理念,高标准打造休憩体验的"心灵花园"

一是打造"慢行"系统。该规划以 S 513 和蔡家河滨水环形慢道为骨架风景道系统 27 千米,将游客引入慢城主要休闲区域,提高可达性、便捷性、舒适性和美观度,打造"最美乡村风景道",2023 年已完成双向通行自行车道 14.5 千米,恢复河道生态治理 9.6 千米,初步建成慢行线路。二是打造"慢游"系统。长寿区在慢城核心区的保合村布局了集休闲娱乐、科普研学、文化创意于一体的综合性项目业态,旨在为游客提供丰富、多样的体验;同时还开发了名为"村游锦囊"的数字化智慧游系统,游客只需通过手机即可享受线上导览、导航、导游、导购等便捷服务。长寿慢城核心景区内的体验性项目如保合书院、拓展基地、亲子乐园等已全部完工,欢迎游客前来感受远离都市喧嚣的乡村游乐体验。三是打造"慢居"系统。在秉承"让乡村更像乡村"的原则下,长寿区注重就地取材并避免大拆大建,通过整治 38 个湾落环境和改造 828 栋房屋外立面,成功塑造了青砖白墙素雅风、木线白墙文化风、红砖木色乡土风三大风格元素。这些改造不仅提升了乡村的整体风貌,还为游客提供了更加舒适、贴近自然的居住环境。长寿区还通过引进布局张记水滑肉等长寿本土原生态特色风味美食,规划建设君子山居、茶语原舍等独具乡村特色的民宿和休闲茶室,让游客在乡村生活中的节奏可以"慢下来"、心灵可以"静下来"、身体可以"好起来"。2019 年,保合村先后入选"2019 年中国美丽休闲乡村""全国乡村治理示范村"名单。

二、以"融合+绿色+高效"理念,高质量打造三产互动的"生态田园"

一是延伸产业链条。长寿区通过加快农畜产品加工区和重庆东部农产品交易中心建设,引进国家级农业产业化龙头企业陕西海升集团建设 3 000 亩高标准全机械化柑橘种植示范园,打造从种子到橙汁的绿色生态循环全产业链。为大力推进"柑橘+"融合发展,长寿慢城围绕晚熟柑橘产业,不断拓展并丰富乡村功能和业态形式,新建 3 160 亩高标准冷库及柑橘分选线,打造东源公司晚熟柑橘绿色融合技术集成展示区,提升产业融合发展水平。二是打造绿色品牌。长寿区通过鼓励、引导龙头企业和种养大户实施标准化生产,依托"自然长寿"农产品区域公用品牌宣传发布，不断提升特色农产品的知名度和美誉度。此外，试验示范村还实现了"三品一标"认证全覆盖，全镇累计认证绿色食品 11 个、无公害农产品 12 个。2018 年，四坪村成功获评全国"一村一品"示范村；2019 年，龙河镇、保合村、四坪村获评重庆市首批"一村一品"示范村镇。三是强化科技服务。长寿区通过构建新型农业生产体系，打造柑橘技术示范基地 1 个、新品种试验基地 1 个，并启动了测土配方站、水肥一体化项目建设；制定晚熟柑橘生产标准，推动柑橘产业提质增效；依托西南大学、农科院等科研院所的力量，积极集成示范应用一系列先进技术。这些技术包括绿色综合防控技术、果园全程机械化技术、农业智能气象技术、柑橘越冬防冻技术、无人机飞防技术以及多样化施肥对比试验等。通过这些技术的示范应用，长寿区将有效提升农业生产效率和产品质量，进一步推动农业现代化的进程。

三、以"创新+传承+发展"理念，高水准打造和谐有序的"乡村乐园"

一是注入慢生活文化。依托慢城核心覆盖区域是"长寿文化""耕读文化""秀才文化"的发源地，长寿区深入发掘"秀才文化"，精心策划"耕读传家"文创项目，依据典故和周边文化遗址，以旧复旧在学堂遗址上打造"保合书院"，并以此为核心拓展各类耕读文化体验活动，焕发乡村传统文化新活力。二是带入新运营模式。长寿区通过引进浙江和途有限公司进行帮带，与龙河镇保合村集体、城乡统筹开发公司按照 2：2：6 股比组建慢城运营管理公司，负责龙河保合村乡村振兴、慢城业态布局、招商营销、产业孵化等工作，做到产业策划、人才培育、智慧系统、文创开发等一体化发展，现已招商落地乡村业态 10 余家，推进解决乡村振兴缺人才、缺理念、缺技术、缺资金难题。三是融入村集体发展。长寿区围绕"三变"改革，试点"农户+村集体+合作社+公司""村集体+供销社+合作社+农民"等利益联结模式，依托河堰村成立堰太建筑劳务合作社，面向慢城建设和两江市政集体其他项目提供劳务输出；依托保合村成立兴保合农业服务合作社开展农业全程社会化服务，解决柑橘企业生产环节社会化服务供给不足问题，同时带动村集体经济组织、汇鸣供销社和村民增收。

四、以"共建+共治+共享"理念,高品质打造安居乐业的"幸福家园"

一是大力推进生态治理。长寿区按照绿色发展、生态治理理念,强化对历史文化院落、古树古木、古老建筑的保护,对符合条件的予以登记造册,开展蔡家河道生态综合治理,打造生态化、景观化的会"呼吸"河道;着力打造农村人居环境整治污水处理的示范点,通过一级耐污型挺水植被、二级耐污型沉水植被"双层净化"并配备太阳能爆气装置,高效净化生活污水,形成生态天然氧吧。二是大力实行"湾长制"。长寿区选派了青年党员、青年干部担任"湾长",全面负责各湾落人居环境整治、乡风文明建设、村民自治引导等工作,成为院落环境"设计师"、乡风文明"宣传员"、矛盾纠纷"协调员"、村民自治"督导员",引导修订完善3个示范村的村规民约、收集整理优秀家风家训 125 条,有效避免和化解了在建设过程中出现的各类群众纠纷。三是大力夯实基层组织。长寿区通过成立试验示范村乡村振兴驻村工作队,选派优秀机关年轻干部到村担任"第一书记",增配本土人才、"三支一扶"人员和西部志愿者。

第四节　长寿区农业高质量发展存在的问题和面临的挑战

随着中国特色社会主义进入新时代,推进农业农村现代化已成为当下的重要任务,而农业高质量发展则是这一时代主题的核心内容。为了实现这一目标,我们客观上需要构建一套既符合市场规律又顺应自然规律的农业供给体系。同时,我们还需要建立促进要素自由流动和优化配置的制度框架及政策体系,以确保农业高质量发展的有效推进。尽管近年来长寿区农业发展取得了一定的成效,但在经济发展日新月异的新常态下,当地农业仍然面临着农业经济增长动力不足、农业基础设施建设相对落后、农业供给侧结构性改革仍需推进等诸多制约因素。

一、农业经济增长动力不足

农业发展离不开农业生产资料的不断优化和完善,不同的生产资料和生产工具直接决定了农业生产率的高低。按照增长动力的不同,农业经济的发展可被划分为三个阶段：第一阶段为初始阶段，以土地和劳动力投入为主；第二阶段为深化阶段，依靠资本的大量投入；第三阶段为创新发展阶段，通过农业技术创新来改造传统农业。多年来，长寿区农业保持着稳定增长态势，但是近年来在质效提升指标下的劳动生产率和土地生产率对长寿区农业高质量发展产生了明显的不利影响。这一现状主要源于用人成本提高、农业生产资料价格上涨以及农产品竞争力较弱难以吸引投资。因此，当前长寿区农业越来越难从大量投入土地、劳动和资本等生产要素获得经济增长，意味着其必须进入创新发展阶段。然而，近年来科技成果在农业中的应用不足、公有经济企事业单位农业技术人员占比下降、农业外向度指数降低等情况层出不穷，阻碍了长寿区农业经济质量的提升。因此，农业经济增长动力不足对长寿区农业高质量发展产生了明显的负面影响。

二、农业基础设施建设相对落后

农业基础设施建设既是农业发展的基础条件，也是实现现代高效农业可持续发展的重要保证。农业基础设施建设包括农田水利建设、农产品流通重点设施建设等有形的基础设施和农业教育、科研、技术推广等无形资产。尽管近年来长寿区财政对农业基础设施建设的投入力度加大，但目前的农业基础设施仍存在老旧、落后、科技含量低等问题，无法满足现代高效农业发展的需要。一是长寿区农业基础设施资金投入不足，未能从根本上改变长寿区农业基础设施的落后现状。近年来长寿区对农业基础设施的投入在不断增加，但是投资的总量相对较小，占据总体公共财政预算支出的比例不高，仍然未能对接现阶段长寿区农业发展需求。比如，长寿柚果园主要是在 20 世纪八九十年代建设的，当时是以政府引导，一家一户进行种植，导致建园不够规范，基础设施不够完善，几乎不能进行机械化操作，虽然近几年政府在改善园区基础设施方面有所投资，但由于地形条件限制，改造起来还是比较困难。二是现有使用的水利基础设施不仅老旧而且多年失修，科技含量低，灌溉水源严重不足，基本靠雨水，农田的抗旱能力非常差，看天吃饭的束缚制约着长寿区农业进一步发展。三是农业政策制度还不够健全。农业农村机制体制目前正在进行改革，许多制约性因素的破解办法还在"建试点、搞摸索"，所以农业农村的经营管理体系改革还处于探索阶段。特别是近年来开始推行的农村土地改革，关于土地流转、农村集体产权、农业保护支持等制度需要进一步完善创新，而关于农村宅基地改革管理等土地改革的深层次问题也需要进一步理顺理清。四是对上级部门的思路政策把握得还不够准确，执行政策时还不够深入具体，也容易导致农业政策制度的贯彻落实与政策的规定存在一定偏差。五是对政策制度的宣传力度还不够大、范围还不够广，部分农民对优惠政策既不了解也不清楚，没能及时享受政府的利好政策，甚至当利益被侵害时也不懂如何维护，会使农民的自我发展意愿逐渐减弱。

三、农业供给侧结构性改革仍需推进

长寿区农业产业和产品结构优化有所成就，但结构优化指标仍是长寿区农业高质量发展的主要障碍。这一情况主要源自种植业发展迅速，而畜牧业占比下降、林牧及农林牧渔服务业发展缓慢。首先，在农业生产条件不断改善的情况下，长寿区种植业能够以更少的土地保持粮食产量，因而可以不断增加经济作物的播种面积，增加农产品的多样化程度，有效地促进农业发展。其次，受到人力成本上升、农业生产资料价格上涨以及环保压力增大等多重因素的影响，长寿区畜牧业的生产成本持续攀升。这使得农户倾向于将资本投向其他更具利润潜力的产业，进而导致畜牧业在农业总产值中的占比逐渐下降。最后，长寿区在林业、渔业以及农林牧渔服务业方面的发展相对缓慢，这些因素共同导致这些行业在农业总产值中的占比较小，未能对农业的高质量发展产生明显的推动作用。

此外，农业与第二、第三产业融合发展是农业转型发展的重要方向之一。"农商文体旅"融合发展，不仅能够满足城市居民日益增长的精神消费需求，也能提高农业的比较收益，增强农业竞争力。相关数据显示，长寿区农业经营主体主要通过开展餐饮住宿、休闲采摘和农事体验等活动实现农业与旅游以及农业与体育、教育等的融合。从总体来看，虽然新型经营活动形式比较丰富，但开展新型经营活动的规模农业经营主体占比不高，特别是农业经营大户，未参与产业融合的主体占比较高。新型农业经营主体本是实现产业融合发展的主要力量，具有较大的示范引领作用，但对于长寿区而言，其示范效应并不明显，长寿区产业融合发展存在明显不足。

四、农业科技创新不足

首先，长寿区的农业生产仍然以个体生产为主导，这种方式使得农村经济的增长相对粗放。同时，农业产出品的科技含量较低，这在一定程度上制约了农产品质量的提升。另外，由于生产规模相对较小，农产品难以实现标准化生产并形成规模经济。这些因素综合起来，不仅导致农产品成本较高，而且产品的品质往往也参差不齐。比如，在长寿区龙河、双龙、洪湖等地集中建成商品化分选加工线10条，每小时处理能力达136吨，但无糖度检测设备，且大多分选厂无专业管理技术团队，柑橘产后商品化能力依旧不强，致使外地客商采购后运到如湖北等产区清理包装再贴牌销售。果园机械有效供给严重不足，整地机、修剪机、果园作业（轨道）平台等先进设备配备少，农机化水平较低，无法满足现代果业发展的需要。其次，农业科研队伍中坚力量流失严重。长寿区农业的基层人才队伍素质参差不齐，他们不仅知识结构老化、技术更新能力弱，而且对新型技术和新兴产业的掌握不够，市场应变能力相对较差。另外，由于待遇差、工作环境差，从事农业技术推广的人员较少，直接影响了农业技术的宣传推广和应用，难以有效地指导农民生产活动，部分人才流失到其他待遇好的区县。

现代农业生产设施面临多方面的挑战。首先，其投入成本高、获得收益所需周期长，且农产品市场风险大，这些因素使得大中型农业企业更偏向于追求短期利益，将资金投向预期收益见效快的项目，从而削弱了自身的长期竞争力。其次，小型农业生产经营主体由于承受风险能力较差，往往无法承担相关投入。这导致了一个局面：大型农企不愿投资，小型主体无力投资，农业设施建设主要依赖政府扶持。近年来，尽管长寿区大力发展国家现代农业产业园，但由于起步较晚，园内仍存在诸多问题，如农业生产技术水平较低、管理模式多处于探索阶段、三次产业融合程度不高、布局尚不完善等。因此，产业园未能充分发挥其示范带动作用。同时，由于农业产业园的先发优势或特色不明显，难以吸引农业较落后地区参观学习，从而获得附加效益。此外，数量稳步增加的新型农业经营主体，如农业专业合作社、农业社会化服务组织等，受限于自身的规模和能力，面对基数庞大且年龄结构失衡的农业人口，难以有效发挥带动作用。

经营规模小、集约化和组织化程度低、受自然条件影响严重、农业经济收入不稳定等特点限制了农业产能及效益的提升。农业经济产业大多处于分散经营状态，绝大多数是个体经营，从业人员产业化、规模化、数字化等现代农业经济发展意识薄弱，不利于农业产业效益的提高。以农业政策为主导的农业行政管理体制对市场化的农业生产经营活动存在管理越位、错位的现象，地方农业政策灵活性存在优化空间。

五、农业社会化服务体系发展滞后

农业社会化服务体系是转变农业发展方式和提升农业发展动能的重要引擎。长寿区的农业社会化服务体系的发展仍较为滞后，与现代农业的发展要求仍有较为明显的差距，具体表现在四个方面：一是组织领导力度不大。政府、市场、社会协同推进农业产业发展的机制不完善，政府的组织引领、协调推进作用还要向广大中小企业进一步延伸，出台的政策应向新业态倾斜。二是农业投资压力大，企业融资难、承保难。近年来，受非洲猪瘟、自然灾害等多重因素影响，企业资金回笼困难，资金压力大；长寿区出台了许多农业贷款利好政策，但因大部分农业项目前期投入大、见效慢、风险大，实际信贷时面临诸多困难；保险行业对大部分的农业企业投保承保要求严、门槛高，农业投保承保难，使得农业企业生产经营抗风险能力不强。三是农业相关服务主体大多呈现出小和散的特点。比如，服务主体规模较小且组织化程度普遍较低，抵御市场风险的能力弱，并且面临着发展慢和培育难的情况。四是龙头企业和专业合作组织服务能力有限。公益性农业服务组织主要以指导性的服务为主，由于职能定位较为模糊，不能有效统筹各类资源，导致其效率低下；各种专业合作组织为内部组织成员提供的服务有限，没有发挥相应的作用；一些农业龙头企业的带动作用不强，服务对象主要以关联农户为主，十分缺乏服务其他农户的意识，涉及的服务内容也主要集中在生产环节。

第七章　加快农业绿色转型

第一节　加快农业绿色转型的重要性

农业作为国家的基础性产业，其健康、持续的发展对于维护国家粮食安全、促进经济增长、保障社会稳定具有不可替代的作用。加快农业绿色转型是环境保护与资源节约的迫切需求、食品安全与公众健康的重要保障、农业可持续发展的必然选择，能够推动农业科技的创新和进步。

一、环境保护与资源节约的迫切需求

传统农业模式较多依赖化肥、农药等化学品，导致土壤污染、水资源污染等环境问题日益严重。这些化学品不仅破坏了生态平衡，还通过食物链进入人体，危害人类健康。此外，传统农业模式还导致了生物多样性的丧失，破坏了生态系统的稳定性。因此，加快农业绿色转型，减少对化学品的使用，保护生态环境，维护生态平衡，已成为当务之急。

绿色农业注重资源的高效利用和废弃物的循环利用，相关部门通过种植绿肥、推广有机肥料等措施，可以提高土壤有机质含量、改善土壤结构、提高土壤肥力。这不仅有利于农作物的生长，还能有效减少化肥、农药的使用量，降低农业面源污染。同时，绿色农业倡导节水灌溉、节能农机等绿色技术，提高资源利用效率，降低能源消耗，实现农业的可持续发展。

创新绿色优质品牌则要求农产品在生产过程中严格遵守环保标准，确保产品的绿色、安全、健康。通过创新绿色优质品牌，相关部门可以引导

农业生产者采取更加环保、可持续的生产方式，推动农业向绿色、低碳、循环的方向发展。这不仅能够实现农业的长期稳定发展，还能为子孙后代创造良好的生态环境。

二、食品安全与公众健康的重要保障

食品安全是关系国计民生的重要问题，然而在传统农业模式下，化肥、农药的过量使用以及环境污染等，导致农产品质量安全问题日益突出。因此，加快农业绿色转型、创新绿色优质品牌、注重农产品的品质和安全性等有利于保障食品安全。

绿色农业遵循自然规律和生态学原理，采用生物防治、物理防治等绿色防控措施，减少农药残留，保障农产品的质量安全。同时，绿色农业注重农产品的可追溯性，通过建立完善的质量追溯体系，确保农产品从生产到后期加工的每一个环节都符合食品安全标准。这不仅能够满足消费者对健康、安全食品的需求，还能提升农产品的附加值和市场竞争力。

通过创新绿色优质品牌，长寿区可以提供更多符合市场需求的高品质农产品，以满足消费者对健康饮食的需要。同时，绿色优质品牌的建立还可以推动农业生产者提高生产标准和管理水平，进一步提升农产品的质量和安全水平。

三、农业可持续发展的必然选择

传统农业模式以牺牲环境和资源为代价，追求短期经济效益，导致资源枯竭、环境恶化，严重威胁农业的可持续发展。因此，加快农业绿色转型、创新绿色优质品牌以及实现农业与环境的和谐共生是农业可持续发展的必然选择。

绿色农业注重资源的节约利用和生态环境的保护，相关部门通过推广节水灌溉、节能农机等绿色技术，提高资源利用效率、降低能源消耗。同时，绿色农业倡导循环经济理念，将废弃物转化为资源，实现废弃物的减量化、资源化与无害化处理，推动农业产业的循环发展。这不仅能够实现农业的长期稳定发展，还能为农村经济的持续增长注入新的活力。

创新绿色优质品牌则要求农产品在生产过程中注重环保、节能、低碳等方面的要求，推动农业生产向更加环保、可持续的方向发展。通过创新

绿色优质品牌，长寿区可以引导农业生产者转变生产方式和管理理念，推动农业产业升级和结构调整，实现农业的可持续发展。

四、推动农业科技的创新和进步

加快农业绿色转型与创新绿色优质品牌需要依托农业科技的创新和进步。在绿色农业的发展过程中，科技创新发挥着重要的支撑作用。相关部门通过研发和推广新型绿色农业技术，如生物育种、智能农业等，可以提高农业生产效率、降低生产成本、推动农业的绿色发展。

同时，科技创新还能促进农业产业结构的优化升级。相关部门通过引入新技术、新设备和新模式，可以培育新型农业经营主体，发展农业社会化服务，构建现代农业产业体系。这不仅能够提升农业的整体竞争力，还能为农村经济的持续发展注入新的活力。

创新绿色优质品牌则要求农业生产者在生产农产品的过程中应采用先进的技术和管理手段，确保产品的品质和安全性。绿色优质品牌的创新可以推动农业生产者加强技术研发并加大创新投入力度，提高农产品的科技含量和附加值。同时，绿色优质品牌的建立还可以促进农产品加工业的发展，延长产业链条，提升农产品的综合效益。

第二节　加快农业绿色转型存在的问题

在农业高质量发展过程中，农业绿色转型也存在三方面问题：技术难题与应用瓶颈、经济效益与生态效益的矛盾、政策体系与法律法规还有待完善。

一、技术难题与应用瓶颈

农业绿色转型依赖于环保、高效的农业生产技术，然而许多绿色农业技术仍处于研发阶段，尚未实现大规模应用。此外，已有技术的应用也存在诸多限制，如生物农药和有机肥料的生产成本较高，以及使用效果受环境条件影响较大等。

同时，技术推广体系尚不完善。在具体调研中，部分长寿区的农民对新技术的认知度和接受度有限。长寿区针对相关技术和应用的培训及指导还需要进一步强化，农民在实际操作中难以掌握并运用新技术，导致绿色农业技术的推广效果不佳。

二、经济效益与生态效益的矛盾

农业绿色转型要求农业生产在保障经济效益的同时，还要注重生态效益。然而，在实际生产过程中，这两者往往存在矛盾。长寿区在农业发展过程中同样面临着这两方面的问题：一方面，绿色农业生产方式往往需要较高的投入，但产出效益并不一定显著，这使得农民缺乏积极性；另一方面，市场对绿色农产品的需求尚未形成规模化，价格体系不完善，导致绿色农业的经济效益难以体现。

三、政策体系与法律法规还有待完善

农业绿色转型需要政策的引导和法律法规的保障，然而长寿区的相关政策体系尚不完善，缺乏针对性和操作性，其法律法规在农业环境保护方面的约束力还需强化。此外，政策执行力度不足，监管体系不健全，导致政策效果难以显现。农业生产者是农业绿色转型的主体，然而长寿区部分农业生产者的环保意识和绿色发展理念尚未形成，对绿色农业的认知度有限。同时，整个长寿区农业生产者的整体素质还参差不齐，缺乏必要的科技知识和市场意识，难以适应绿色农业发展的要求。

第三节　加快农业绿色转型的具体路径

加快农业绿色转型的具体路径主要包括节约利用资源、发展生态循环农业、创新绿色优质品牌。

一、节约利用资源

节约利用资源是实现农业可持续发展的重要途径，它要求农业生产在保障粮食安全、提高农产品质量的同时，更加注重资源的高效利用和节约。针对长寿区农业生产中存在的资源浪费和不合理利用等问题，相关部门需要采取一系列具体措施来推动农业节约利用资源。

（一）推广节水灌溉技术

水资源是农业生产不可或缺的重要资源，而节水灌溉技术是提高水资源利用效率的关键。在龙河镇、邻封镇等柑橘产业园和长寿柚产业园通过推广滴灌、喷灌等节水灌溉技术，可以减少水资源的浪费，提高灌溉效率；同时，还要结合土壤墒情和作物需水规律，制定科学的灌溉制度，实现精准灌溉，进一步节约水资源。此外，加强农田水利基础设施建设、提高灌溉保证率也是节约水资源的重要途径。

（二）科学施肥用药

肥料和农药是农业生产中的重要投入品，其合理使用对于节约资源和保护环境具有重要意义。相关部门需要通过测土配方施肥，根据土壤养分状况和作物需肥规律制订科学的施肥方案，减少肥料的浪费和污染，让长寿区农业特色产业拥有更安全的保障；还要推广生物农药和绿色防控技术、减少化学农药的使用量、减少农药残留和环境污染，以增强长寿区农产品的市场竞争力。

（三）提高农民素质

农民既是农业生产的主体，也是资源节约利用的直接参与者。长寿区农业部门应加大农民的培训力度和教育力度，提高农民的科技素质、环保意识和资源节约意识，可以引导农民更加注重资源的高效利用和节约。同时，培养新型职业农民、推动现代农业发展也是实现农业资源节约利用的重要举措。

（四）深化农业产业链整合

农业产业链整合是实现资源节约利用的重要手段之一。长寿区通过深化农业产业链整合，实现产前、产中、产后各环节的有效衔接和协同配合，可以提高资源在产业链上的利用效率。长寿区可以实施的具体措施包括三个：一是推广"公司+基地+农户"等产业化经营模式，实现规模化经营和标准化生产；二是加强农产品加工和流通体系建设，提高农产品附加值和市场竞争力；三是推动农业与第二、第三产业的融合发展，拓展农业功能并增加农民收入。

二、发展生态循环农业

发展生态循环农业是实现农业可持续发展的重要途径，它通过模拟自然生态系统的运行规律，构建农业生态系统内部的物质循环和能量流动，实现资源的高效利用和环境的保护。

（一）构建农业生态循环系统

构建农业生态循环系统是发展生态循环农业的核心，主要包括农田生态系统、畜禽养殖生态系统、渔业生态系统、林业生态系统等多个子系统。这些子系统之间通过物质循环和能量流动相互关联，形成一个闭合的循环圈。如农田生态系统：采用有机肥料替代化肥，减少化肥的使用量；同时，推广生物农药和绿色防控技术，降低农药残留和环境污染；通过种植绿肥、秸秆还田等措施，增加土壤有机质含量，提高土壤肥力。畜禽养殖生态系统：推广畜禽养殖废弃物资源化利用技术，将畜禽粪便、尿液等废弃物转化为有机肥料或生物能源，实现废弃物的资源化利用；同时，加强畜禽养殖环境管理，减少养殖废弃物的排放和对环境的污染。渔业生态系统：推广生态养殖模式，利用水生生物之间的食物链关系，构建多层次、多品种的养殖结构，提高水域资源的利用效率；同时，加强水域环境保护，减少养殖废水的排放和对水域的污染。林业生态系统：加强森林资源的保护和培育，提高森林覆盖率，增加森林生态系统的稳定性；通过发展林下经济，种植药材、食用菌等经济作物，提高林业的经济效益和生态效益。

（二）推广生态循环农业模式

推广生态循环农业模式是发展生态循环农业的重要手段。长寿区要根据不同街镇的资源禀赋和生态条件，因地制宜地推广适合当地的生态循环农业模式。如种养结合模式：将种植业和养殖业有机结合，通过种植饲料作物、利用养殖废弃物等方式，实现种养业的互利共生和循环利用。这种模式可以在一定区域内形成闭合的物质循环圈，提高资源利用效率。长寿区的葛兰镇蛋鸡产业就可以运用这种模式，生产的鸡粪通过加工，使其成为有机肥，并与种植业相结合，通过还土，促进农作物生长，全部处理利用，既不污染环境，又有效地形成了资源化利用的良性循环，有利于保护生态。稻渔共生模式：在水稻田间养殖鱼类等水生生物，利用稻田生态系统中的食物链关系，构建稻渔共生的生态循环模式。这种模式可以在保证水稻产量的同时，增加渔业收入，提高水域资源的利用效率。农林牧复合模式：将林业、畜牧业和种植业有机结合，通过林间种草、林间养殖等方式，实现农林牧业的复合经营和循环利用。这种模式可以在一定区域内形成多元化的生态系统，提高土地资源的利用效率。长寿区的万顺镇、洪湖镇就可以采取这种模式。

（三）加强政策支持和技术创新

加强政策支持和技术创新是发展生态循环农业的重要保障。当地政府应加大对生态循环农业的支持力度，制定相关政策和法规，推动生态循环农业的发展；同时，还要引导相关农业科技企业加强技术创新和研发，为生态循环农业提供技术支撑和保障。相关政策支持可以从两个方面入手：①政府应制定相关政策和法规，鼓励农民和企业发展生态循环农业。例如，对采用生态循环农业模式的农民和企业给予补贴和奖励；对生产有机肥料、生物农药等环保产品的企业给予税收减免等优惠政策。②加强生态循环农业技术的研发和创新，推动科技成果的转化和应用。例如，研发适合当地特点的生态循环农业技术和装备，推广节水灌溉、精准施肥等环保技术，加强农业废弃物资源化利用技术的研究和开发等。

三、创新绿色优质品牌

面对农业生产效率不高、生产成本高以及污染等重点问题，当地政府应大力发展内涵式现代资源节约、环境友好型农业之路，突出加大绿色种植力度、循环种养、精准农业等绿色生态技术的研发与集成，以促进资源的再循环，同时促进和支持现代农业的发展。

（一）加强绿色农产品生产体系建设

当地政府要选择生态环境良好、远离污染源的区域作为绿色农产品生产基地，加强基地环境监测和评估，确保产地环境符合绿色农产品生产要求。为了推动农业高质量发展，长寿区必须全面提升绿色发展水平，并大力推进绿色生产。这意味着要减少化肥、农药和除草剂等环境污染品的使用，转而促进高科技含量、低资源消耗且环境污染少的农业产业结构。通过这样的努力，长寿区可以将高质量、高品质的绿色农产品带给千家万户，不仅可以满足本地消费者的需求，还能将产品推向全市乃至全国各地，这将使消费者能够用得舒心、吃得安心、买得放心。

（二）推进农产品加工与品牌建设融合

当地政府要鼓励农产品加工企业加大技术研发与设备投入力度，发展农产品精深加工，提高农产品的附加值和品质。例如，开发绿色有机食品、功能性食品等高端农产品，满足消费者多样化的需求；通过注册商标、申请地理标志等方式，保护农产品品牌的知识产权，提高品牌的知名度和美誉度；利用线上、线下多种渠道，加强农产品品牌的宣传和推广。当地政府要积极组织相关农业企业参加农产品展览会、交易会等活动，展示农产品的绿色优质特性；充分利用抖音直播、淘宝、京东等电商平台和社交媒体，拓宽农产品的销售渠道，增强市场影响力；大力发展农产品生产流通标准化，强化绿色食品全过程质量管理，建立绿色农产品标准化生产基地和特色农产品出口基地；用好成渝地区双城经济圈战略、明月山绿色发展示范带等合作机制，与川渝区县互相推介旅游、共享旅游市场，抱团取暖、共同发展，让"自然长寿"品牌更有知名度和辨识度。长寿区委、区政府还要围绕大工业，引进大企业，依托大科技，打造大品牌，打造大区域，着眼未来，系统谋划农业高质量发展建设。

（三）构建绿色农产品质量安全保障体系

当地政府要健全农产品质量安全监管体系，加强对农产品生产、加工、销售等环节的监管和检测；加大对不合格农产品的处罚力度，提高违法成本，保障农产品质量安全；利用现代信息技术手段，建立农产品质量安全追溯体系，实现农产品从生产到销售全过程的信息可追溯，让消费者可以通过扫描二维码等方式查询农产品的生产信息以及质量检测报告等信息，增强消费者对农产品的信任度。市场监管部门要强化肉品蔬菜等食品的冷链管理，实行物流全过程监控和追踪，真正为广大消费者供应营养健康和质量安全的高品质农产品，为长寿区农业高质量发展添"智"提"质"。

第八章 强化农业科技创新

第一节 强化农业科技创新的重要性

在当今快速发展的科技时代，农业作为国民经济的基础产业，其科技创新的重要性日益凸显。强化农业科技创新，是提高农业生产效率、保障国家粮食安全、推动农业可持续发展、提升农产品品质和竞争力的关键所在。

一、提高农业生产效率

农业科技创新能够显著提高农业生产效率。传统的农业生产方式往往受到自然条件、劳动力资源等多种因素的限制，生产效率低下。而通过科技创新，可以研发出更加高效、智能的农机设备，实现农业生产的自动化和智能化。这不仅可以大幅度提高农业生产效率，降低生产成本，还能够减轻农民的劳动强度，提升农业生产整体效益。同时，农业科技创新在种子、肥料、农药等农业生产资料方面也有着广泛的应用。通过研发新型的高产、优质、抗病、抗虫的农作物品种，以及高效、环保的肥料和农药，我们可以进一步提高农作物的产量和品质，满足人民日益增长的食品需求。

二、保障国家粮食安全

粮食安全是国家安全的重要组成部分，而农业科技创新则是保障粮食安全的关键手段。通过科技创新，可以实现粮食生产的稳定增长，确保国家的粮食自给率。同时，科技创新还能够提高粮食的储存与加工技术，减少粮食在储存及加工过程中的损失，保障粮食的有效供给。

此外，农业科技创新在农业防灾减灾方面也发挥着重要作用。通过研发新型的农业防灾减灾技术及装备，可以更好地应对自然灾害等突发事件，减少灾害对农业生产的影响，保障粮食生产的稳定性和安全性。

三、推动农业可持续发展

农业科技创新是推动农业可持续发展的重要动力。在资源环境约束日益趋紧的背景下，传统的农业生产方式已经难以适应可持续发展的要求。而通过科技创新，可以研发出更加节约资源、保护环境的农业技术和装备，实现农业生产的绿色化和低碳化。这不仅可以减轻业生产对资源和环境造成的压力，还能够提高农业生产的生态效益，推动农业与生态环境的协调发展。

同时，农业科技创新还能够促进农业产业结构的优化升级。通过推广新型的农业技术和装备，可以推动农业从传统的种植业向现代农业、生态农业、观光农业等多元化方向发展，提高农业的整体效益和竞争力。

四、提升农产品品质和竞争力

农业科技创新能够显著提升农产品的品质和竞争力。随着人民生活水平的提高和消费观念的转变，人们对农产品的品质和安全要求越来越高。通过科技创新，可以研发出更加优质、安全、健康的农产品，满足广大人民群众的消费需求。

同时，农业科技创新还能够提高农产品的附加值和市场竞争力。通过研发新型的农产品加工技术和装备，可以实现农产品的精深加工和综合利用，提高农产品的附加值和市场售价。这不仅可以增加农民的收入，还能够提升农业的整体效益和竞争力，推动农业、农村经济的持续发展。

综上所述，农业科技创新在提高农业生产效率、保障国家粮食安全、推动农业可持续发展以及提升农产品品质和竞争力方面都发挥着重要作用。因此，长寿区应该加大对农业科技创新的投入力度和支持力度，推动农业科技创新成果的转化和应用，为农业现代化和乡村振兴提供有力支撑；同时，还应该加强农业科技创新人才的培养与引进工作，为农业科技创新提供强有力的人才保障。

第二节　强化农业科技创新存在的问题

重庆市长寿区在传统的农业区域生产实践中积累了丰富的经验。然而，随着科技的快速发展和市场竞争的日益激烈，长寿区在农业科技创新方面逐渐暴露出一些问题，制约了农业、农村经济的持续发展。

一、科技创新体系还不完善

长寿区在农业科技创新方面存在的一个突出问题是科技创新体系还不完善。首先，长寿区缺乏完善的农业科技创新政策和规划，导致科技创新工作缺乏明确的目标和方向。其次，长寿区科技创新政策的执行力度还不够大，存在政策落实不到位、执行效果差等问题。再次，长寿区的农业科技创新投入不足，科研经费短缺，科研条件落后，难以满足科技创新的需求。最后，长寿区还缺乏有效的科技创新激励机制，科技人员的创新积极性和创造性没有得到充分发挥。

由于科技创新体系不完善，长寿区在农业科技创新方面难以形成有效的合力，科研机构、高校和企业之间还缺乏紧密的合作和联系，科技创新资源没有得到有效的整合和利用。这就导致长寿区在农业科技创新方面难以取得突破性的成果，制约了农业、农村经济的发展。

二、科技创新人才相对不足

科技创新人才是推动农业科技创新的核心力量，然而长寿区在科技创新人才方面存在明显的短板。首先，长寿区仍缺乏高水平的农业科技创新人才。由于历史原因和经济发展水平的限制，长寿区在农业科技创新人才培养和引进方面与发达地区相比还有差距，高层次、高水平的科技创新人才比较匮乏。其次，长寿区的科技创新人才结构不合理。现有的科技人员主要集中在传统的农业领域，缺乏跨学科、跨领域的复合型人才。最后，长寿区还存在科技创新人才流失的问题。由于待遇和发展机会等方面的限制，一些优秀的科技创新人才选择离开长寿区，进一步加剧了人才短缺的局面。由于科技创新人才相对不足，长寿区在农业科技创新方面难以形成有力的人才支撑。科技创新工作需要高水平的人才来引领和推动，而长寿区在人才方面的短板限制了科技创新的深入开展。这就导致长寿区在农业科技创新方面难以取得重大的突破和进展，制约了农业、农村经济的持续发展。

三、科技创新成果转化率不高

科技创新成果转化是农业科技创新的重要环节，然而长寿区在科技创新成果转化方面还存在一定的问题。首先，长寿区缺乏有效的科技创新成果转化机制，科研机构和企业之间缺乏紧密的合作和联系，科技创新成果难以顺畅地转化为现实生产力。其次，长寿区缺乏专业的科技成果转化服务机构和人才，无法为科技成果转化提供有效的支持和帮助。再次，长寿区的科技创新成果质量不高。一些科研成果缺乏实际应用价值和市场前景，难以满足市场需求和推动经济发展。由于科技创新成果转化率低，长寿区在农业科技创新方面的投入难以得到有效的回报。这不仅浪费了宝贵的科研资源和经费，还挫伤了科技人员的创新积极性和创造性。同时，低下的科技成果转化率也限制了长寿区农业、农村经济的发展潜力和竞争力。最后，长寿区还存在科技创新成果推广难度大的问题。由于农民科技素质相对较低、技术推广体系不完善等原因，一些先进的农业技术难以在广大农村地区推广和应用。

综上所述，长寿区在农业科技创新方面存在的问题主要包括科技创新体系还不完善、科技创新人才相对不足以及科技创新成果转化率不高等方面。这些问题相互交织、相互影响，共同制约了长寿区农业、农村经济的持续发展。为了推动长寿区农业科技创新工作的深入开展，当地政府还需要采取切实有效的措施来解决这些问题。

第三节　强化农业科技创新的具体路径

强化农业科技创新的具体路径需要提高农业科技资金应用率、重构农业技术推广体系、大力引进先进农机新技术。

一、提高农业科技资金应用率

农业科技资金是推动农业科技创新和发展的重要保障。提高农业科技资金应用率，意味着更加高效、合理地利用有限的资金资源，促进农业科技成果的转化和应用，进而推动农业、农村经济的持续发展。

（一）优化农业科技资金投入结构

优化农业科技资金投入结构是提高农业科技资金应用率的首要任务。长寿区应从以下三个方面入手，优化农业科技资金投入结构：一是明确投入重点。当地政府应结合长寿区农业发展现状和科技创新需求，明确农业科技资金投入的重点领域和关键环节；优先支持对农业、农村经济发展具有长期性、基础性、战略性的科研项目，以及具有广阔市场前景和实际应用价值的科技成果转化项目；同时，还应当重视人力资本的作用。一方面，长寿区要完善农业政策制度，壮大农业科技人才队伍，吸引高素质高能力人才返乡创业就业，吸引更多的农业高新企业到长寿落户，从而提高农业生产的发展；要充分发挥科研机构和培养人才的作用，加强农业、农村科技人才的培养和引进。另一方面，长寿区应当重视对当地科技型农民的培养，建立新的职业农民培训机构，调动农民参加培训的积极性，通过再教育的方式提高农村劳动力的科学素养，提升新农户的科学技术设备使用能力；要加强农村科普教育，营造良好的农业、农村生产氛围，形成创新要素聚集在农业农村的新局面。二是统筹资金安排。长寿区应建立农业科技资金投入的统筹协调机制，整合各类农业科技资金，避免资金分散和重复投入；要加强与上级政府和相关部门的沟通协调，争取更多的资金支持和政策优惠；要加大农产品质量和农业高新技术研究的资金投入力度，使农业科研、农业教育、农业科技的推广应用三者形成合力，有效提高农业科技资金的应用效率。三是引导社会资本投入。当地政府要鼓励企业和社会资本参与农业科技创新和成果转化，形成多元化的投入机制；通过引导基金、风险投资、股权投资等方式，吸引更多的社会资本投向农业科技领域，推动农业科技创新和产业化发展。

（二）加强农业科技资金监管和评估

加强农业科技资金监管和评估是提高农业科技资金应用率的重要保障。长寿区应从以下三个方面加强农业科技资金监管和评估：一是完善监管制度。长寿区要建立健全农业科技资金监管制度，明确资金监管的责任主体、监管内容和监管方式；加强对农业科技资金使用情况的监督检查，确保资金专款专用、使用规范。二是加强项目评估。长寿区要建立农业科技项目评估机制，对项目的立项、实施和结果进行全面评估；通过专家评审、现场考察、效益分析等方式，对项目的技术创新性、市场前景、经济效益等进行综合评价，确保资金投入的科学性和合理性。三是强化绩效考核。长寿区要建立农业科技资金绩效考核机制，将资金使用效益作为考核的重要指标；通过定期考核与绩效评估，对资金使用效益不明显的项目进行及时调整或终止，优化资金配置和使用效益；不断加强农业科技人才队伍的建设，重点对农村实用人才进行相关科技知识培训，有效促进农业科技资源的合理流动。

（三）推动农业科技产学研深度融合

推动农业科技产学研深度融合是提高农业科技资金应用率的重要途径。长寿区应从以下三个方面推动农业科技产学研深度融合：一是加强合作机制建设。长寿区要建立健全农业科技产学研合作机制，明确合作各方的职责和权益；通过签订合作协议、共建研发平台、共享资源等方式，加强科研机构、高校和企业之间的紧密合作和联系。二是推动科技成果转化。长寿区要鼓励科研机构和企业加强合作，共同开展农业科技成果转化工作；通过合作研发、技术转让、联合推广等方式，推动科技成果的转化和应用，实现科技创新与市场需求的有效对接；要重点加强"农科教"结合，形成"专家团队+农技人员+科技示范户"的科技成果示范推广转化机制。三是培育产学研联合体。长寿区要积极培育以企业为主体、市场为导向、产学研相结合的农业科技创新联合体；通过政策引导、项目支持等方式，鼓励企业加强与科研机构和高校的合作，形成产学研一体化的科技创新和成果转化模式；要不断加强农业科技人才队伍建设，重点对农村实用人才进行相关科技知识培训，有效促进农业科技资源的合理流动。

二、重构农业技术推广体系

农业技术推广是推动农业科技创新成果转化为现实生产力的重要途径，重构长寿区的农业技术推广体系需要从建立健全农业技术推广机构、创新农业技术推广方式、加强农业技术推广与产业融合三个方面入手，从而推动农业科技创新成果转化为现实生产力，促进农业、农村经济的持续发展。

（一）建立健全农业技术推广机构

建立健全农业技术推广机构是重构农业技术推广体系的基础。长寿区应在以下三个方面加强农业技术推广机构的建设，提高其服务能力和水平，确保农业技术推广工作的顺利开展：一是加强推广机构建设。长寿区要建立健全区、乡、村三级农业技术推广机构，明确各级机构的职责和任务；加强推广机构的基础设施建设，提高推广条件和手段；加强对推广人员的培训和管理，提高其专业素养和服务意识。二是整合推广资源。长寿区要整合现有的农业技术推广资源，包括人力、物力、财力等，形成合力；加强与科研机构、高校、企业等的合作和联系，共享资源，提高推广效率；积极争取上级政府和相关部门的支持，为推广工作提供有力的保障。三是创新推广机制。长寿区要探索建立多元化的农业技术推广机制，如政府购买服务、市场化运作、社会化服务等；通过政策引导、项目支持等方式，鼓励社会力量参与农业技术推广，形成多元化的推广格局；还要重点增加农业技术推广投资，优化基层农技网络建设，加强农技推广人员技术培训，提升人员素质，促进农技推广人员专职推广农业技术。

（二）创新农业技术推广方式

创新农业技术推广方式是重构农业技术推广体系的重要手段。长寿区应从以下三个方面改变传统的推广方式，采用更加灵活、多样、有效的推广方式，提高推广效果：一是推广信息化技术。长寿区要利用现代信息技术手段如互联网、移动互联网、物联网等，开展农业技术推广工作；通过建立农业技术推广信息平台，提供技术咨询、技术培训、技术示范等服务，实现技术推广的信息化、网络化。二是加强示范推广。长寿区要建立农业科技示范基地，通过现场示范、观摩学习等方式，让农民直观地了解新技术、新品种的优势和效益；要加强对示范基地的管理和维护，确保其长期发挥示范带动作用；要鼓励在外务工经商人员回乡创业，引导外地工商资本下乡从事农业生产经营；实施"互联网+""智能+"现代农业行动，支持新型农业经营主体带动农户应用互联网和智能终端平台将优质农产品推向市场。三是推广农民参与式方法。长寿区要发挥多主体的补充作用，特别是要加强对村集体或村小组领导者、农业合作社领导者、种植养殖大户、化肥农药基层经销商等主体的培训和指导，积极发挥他们在辅助农业技术推广中的引领示范作用，加快技术传播速度，因地制宜引入新技术，克服小农户在获取技术上的局限，让农民充分参与到技术推广的过程中来；通过农民的亲身参与和实践，提高其技术掌握程度和应用能力；同时，还要加强对农民的技术指导和培训，提高其科技素质。

（三）加强农业技术推广与产业融合

加强农业技术推广与产业融合是重构农业技术推广体系的重要方向。长寿区应从以下三个方面将农业技术推广与产业发展紧密结合起来，推动农业产业升级和转型：一是推广与主导产业结合。长寿区要结合自身的主导产业和特色产业，开展有针对性的农业技术推广工作；通过推广新技术、新品种，提高主导产业的科技含量和附加值，推动其向高端化、品牌化方向发展。二是加强与新型经营主体合作。长寿区要加强与新型农业经营主体如家庭农场、农民合作社、农业龙头企业等的合作和联系；通过合作推广、联合示范等方式，将新技术、新品种推广到新型经营主体中去，提高其科技应用能力和市场竞争力。三是推动产学研用深度融合。长寿区要加强与科研机构、高校、企业等的产学研用合作，推动科技创新与产业发展的深度融合；通过合作研发、技术转移、成果转化等方式，将科技创新成果转化为现实生产力，推动农业产业的升级和转型。

三、大力引进先进农机新技术

随着现代农业的快速发展，农机化已成为推动农业现代化的重要手段。长寿区需要从加强政策引导与扶持、加强技术引进与创新、加强配套服务与保障三个方面引进先进的农机新技术。

（一）加强政策引导与扶持

政策引导与扶持是引进先进农机新技术的关键。长寿区应通过制定优惠政策、加大财政投入力度、建立激励机制等措施，为引进先进农机新技术提供有力保障。一是制定优惠政策。长寿区要出台一系列针对引进先进农机新技术的优惠政策，如税收减免、购机补贴、贷款支持等，减轻农民和农业企业的经济负担，提高其引进新技术的积极性。二是加大财政投入力度。长寿区要增加财政对农机化发展的投入，设立专项资金，支持引进先进农机新技术的研究、示范和推广工作；同时，要引导社会资本投入，形成多元化的投入机制。三是建立激励机制。长寿区要建立健全引进先进农机新技术的激励机制，对在引进新技术方面取得突出成绩的农民、农业企业和科研机构给予表彰和奖励，激发其创新活力和引进新技术的动力。

（二）加强技术引进与创新

技术引进与创新是引进先进农机新技术的核心。长寿区应注重技术引进与创新相结合，提高引进技术的适应性和本土化水平。一是加强技术引进。长寿区要积极与国内先进的农机生产企业、科研机构建立合作关系，引进适合本地区农业生产需求的先进农机新技术；同时，要注重引进技术的消化、吸收和再创新，提高引进技术的自主创新能力。二是推进技术创新。长寿区要鼓励地区内农机生产企业、科研机构加强自主创新，研发具有自主知识产权的先进农机新技术；通过产学研合作、技术创新联盟等方式，整合创新资源，提高技术创新能力。三是加强技术推广。长寿区要建立健全技术推广体系，加强技术推广队伍的建设，提高技术推广的能力和水平；通过现场演示、技术培训、技术咨询等方式，将先进农机新技术推广到广大农民中去，提高其应用新技术的能力和水平。比如，长寿区可以综合运用农艺科技，推行旱作农田示范项目，鼓励条件成熟的乡镇扩大滴灌技术和喷灌技术的使用范围。

（三）加强配套服务与保障

配套服务与保障是引进先进农机新技术的重要保障。长寿区应从以下三个方面加强配套服务与保障工作，为引进先进农机新技术提供全方位的服务和保障：一是加强基础设施建设。长寿区要加强农机作业道路、机库棚等基础设施建设，提高农机作业的条件和水平；同时，要加强农机维修服务体系建设，提高农机维修的能力和水平，确保引进的先进农机新技术能够正常运转。二是加强人才培养与引进。长寿区要加强农机化人才培养和引进工作，培养一支高素质的农机化人才队伍；通过举办培训班、邀请专家授课等方式，提高农民和农业企业的农机化技能和管理水平；同时，还要积极引进优秀的农机化人才，为引进先进农机新技术提供人才支持。三是加强市场监管与服务。长寿区要加大农机市场监管力度，规范农机市场秩序，保障引进先进农机新技术的质量和安全；同时，还要完善农机化服务体系，提供全方位、便捷高效的服务，为农民和农业企业提供良好的发展环境。

第九章　延伸农业产业链条

第一节　延伸农业产业链条的重要性

在当今的经济体系中，农业已不再是单一、孤立的生产活动，而是日益融入复杂、多元的产业链条之中。传统的农业生产方式仅关注作物的种植和畜牧的养殖，已经难以满足现代农业的发展需求。为了提升农业的整体竞争力和可持续发展能力，延伸农业产业链条成了当务之急。

一、提升农产品附加值

延伸农业产业链条就意味着农产品从生产到加工、销售的整个过程中，增加了多个增值环节。通过深加工、精包装、品牌化等手段，可以大幅提升农产品的附加值，使其在市场上更具竞争力；也可以有效避免农产品在流通环节的损失，提高农产品的利用率。对于农民而言，延伸农业产业链条意味着他们不再只依靠初级农产品的销售来维持生计，还可以通过参与农产品的加工、销售等环节，获得更多的收益。这不仅有助于增加农民的收入，提高他们的生活水平，还能调动农民的生产积极性，推动农业的持续发展。

二、促进农村经济多元化发展

延伸农业产业链条，可以带动农村经济的多元化发展。在传统的农业生产模式下，农村经济往往过于依赖单一的农产品种植或养殖。这种单一的经济结构使农村经济面临较高的风险，一旦市场发生波动，农民的收入水平和生活水平就会受到严重影响。延伸农业产业链条，可以引入更多的产业和经济活动，如农产品加工、仓储物流、乡村旅游等。这些新兴产业的发展，不仅可以为农民创造更多的就业机会，还能丰富农村的经济结构，使其更加稳健和可持续。

三、提高农业抗风险能力

农业是一个高风险行业，受自然灾害、市场波动等多种因素影响较大。在传统的农业生产模式下，农民往往面临较大的生产风险和市场风险，而延伸农业产业链条，可以将这些风险分散到整个产业链中，降低单一环节的风险。例如，在农产品加工环节，可以通过加工技术的改进和产品的多样化，降低因自然灾害导致的农产品减产对农民收入的影响；在销售环节，可以通过建立稳定的销售渠道和完善的市场信息体系，减少市场波动对农产品价格的影响。

四、推动农业现代化进程

延伸农业产业链条，是推动农业现代化进程的重要途径。农业现代化不仅包括农业生产技术的现代化，还包括农业经营方式的现代化。通过延伸农业产业链条，可以引入更多的现代科技和管理手段，提升农业的生产效率和管理水平。

例如，在农产品加工环节，可以引入先进的加工设备和技术，提高农产品的加工效率和质量。在销售环节，可以利用互联网和电子商务等现代营销手段，扩大农产品的销售市场和销售渠道。这些现代科技和管理手段的引入，不仅可以提升农业的整体竞争力，还可以推动农业向更加现代化、智能化的方向发展。

综上所述，延伸农业产业链条对于提升农产品附加值、增加农民收入、促进农村经济多元化发展、提高农业抗风险能力以及推动农业现代化进程等方面都具有重要意义。因此，长寿区应该从战略高度认识延伸农业产业链条的重要性，采取有效措施加快推进这一进程，为农业的持续健康发展注入新的动力。同时，政府、企业和社会各界也应该加强合作与支持，共同推动农业产业链条的延伸和发展，为实现乡村振兴和美丽中国建设做出积极贡献。

第二节　延伸农业产业链条存在的问题

长寿区近年来在农业产业链条的延伸方面取得了一定的进展，但仍存在不少的问题。这些问题不仅制约了农业产业链条的进一步延伸，也影响了农业的整体竞争力和可持续发展能力。

一、农业产业链条短，附加值不高

长寿区农业产业链条相对较短，主要集中在初级农产品的生产与销售环节，缺乏深加工、精包装、品牌化等高附加值的环节。这就导致农产品的附加值较低，难以在市场上获得更高的价格。同时，由于缺乏深加工等环节，农产品在流通过程中的损失也较大，这进一步降低了农产品的利用率和经济效益。造成这种问题的原因主要有两方面：一是长寿区农业产业基础相对薄弱，缺乏足够的资金与技术支持，难以进行深加工等高附加值的生产活动；二是长寿区农业产业的市场化程度较低，缺乏有效的市场信息和销售渠道，难以将农产品推向更广阔的市场。

二、农业产业链条各环节协同不足

农业产业链条的延伸需要各个环节之间的紧密协同和配合，然而在长寿区，农业产业链条的各个环节往往存在协同不足的问题。生产、加工、销售等环节之间缺乏有效的沟通和协调，导致整个产业链条的运作效率较低。例如，在生产环节，农民往往缺乏足够的市场信息和技术指导，难以根据市场需求进行生产调整；在加工环节，由于加工企业数量有限且规模较小，难以满足大量农产品的加工需求；在销售环节，由于缺乏有效的销售渠道和市场推广手段，农产品往往难以进入更广阔的市场。

三、缺乏龙头企业带动和品牌影响力

长寿区的农业产业链条中缺乏具有强大带动作用的龙头企业和具有影响力的品牌，这就导致整个产业链条的竞争力较弱，难以在市场上获得更高的份额和价格。龙头企业是农业产业链条中的核心力量，具有强大的资

金、技术和市场优势，它们可以带动整个产业链条的发展，提升农产品的附加值和市场竞争力，然而在长寿区，龙头企业的数量较少且规模较小，难以发挥应有的带动作用。品牌是农产品在市场上获得认可和溢价的重要因素，然而在长寿区，农产品的品牌建设相对滞后，缺乏具有影响力的品牌，这就导致农产品在市场上难以获得更高的价格和更大的份额。

第三节　延伸农业产业链条的具体路径

延伸农业产业链条的具体路径主要是通过培育并开发特色产业及产品、高质量提升农产品加工业、精品打造乡村休闲产品。

一、培育和开发特色产业及产品

随着市场竞争的日益激烈，特色产业及产品的培育和开发对于地区经济发展显得愈发重要。长寿区作为一个具有独特资源和地理优势的区域，如何有效地培育和开发特色产业及产品，不仅关系到当地经济的持续增长，更是提升区域竞争力和实现可持续发展的关键。

（一）挖掘和利用特色资源

长寿区应充分挖掘和利用本地特色资源。特色资源是培育和开发特色产业及产品的基础，包括自然资源、文化资源、人力资源等。对于自然资源，长寿区应对其进行科学的评估，明确哪些资源具有独特性、稀缺性和经济价值，如特殊的土壤、气候、水文条件等，这些都可以为特色农业、旅游等产业的发展提供有力支撑。对于文化资源，长寿区应深入挖掘本地的历史文化、民俗风情、手工艺等，通过文化创意产业的开发，将这些资源转化为具有市场竞争力的特色产品。同时，人力资源也是不可忽视的特色资源，长寿区应重视本地人才的培养和引进，特别是那些掌握特色技艺和创新能力的人才。在挖掘特色资源的基础上，长寿区还应注重资源的可持续利用。这就要求长寿区的特色产业及产品在开发过程中必须遵循生态优先、保护优先的原则，确保资源开发与环境保护相协调。长寿区应通过推广绿色生产方式、加强资源循环利用等措施，实现特色产业的可持续发展。

（二）加强科技创新和成果转化

长寿区应加强科技创新和成果转化。科技创新是培育和开发特色产业及产品的核心驱动力。长寿区应建立完善的科技创新体系，包括科技创新平台、创新人才队伍、创新政策环境等，并通过搭建科技创新平台，如工程技术研究中心、企业技术中心等，吸引和集聚创新资源，推动产学研用深度融合。同时，长寿区要加强创新人才的培养和引进，特别是那些掌握核心技术、具有市场敏感度的创新人才。此外，长寿区还应制定一系列创新政策，如税收优惠、资金扶持等，为科技创新提供良好的政策环境。在科技创新的基础上，长寿区还应注重成果转化。这就要求长寿区建立完善的成果转化机制，推动科技成果向现实生产力转化；通过加强产学研合作、建立科技成果转化基地等措施，实现科技成果与产业需求的有效对接。同时，长寿区还应注重引进和培育科技成果转化的中介服务机构，为科技成果转化提供专业化的服务支持。

（三）优化"一村一品"建设

"一村一品"是指每个村庄根据自身的资源禀赋和特色，发展一种或几种具有市场竞争力的主导产品或产业。而优势产业带则是指在一定区域内，根据自然条件和产业基础，集中连片发展具有比较优势的产业。这两者的结合，可以充分发挥长寿区的资源优势和产业基础，形成规模效益和集聚效应。截至 2023 年年底，长寿区获得"一村一品"称号的镇村有10 多个，包括龙河镇永兴村柑橘，晏家街道办事处龙门村山泉有机鱼、休闲农业，八颗街道新桥村蛋鸡，渡舟街道高峰村蔬菜、花椒，双龙镇连丰村淡水鱼，万顺镇万顺村大湖有机鱼，万顺镇白合村中药材白及，万顺镇院子村火龙果、休闲农业，长寿湖镇玉华村茶叶，石堰镇高庙村柑橘、蔬菜，石堰镇海天村花椒，葛兰镇冯庄村鱼等。在具体实践中，长寿区不仅要更好地明确其在优势产业带中的定位和发展方向，还要加大政策扶持和资金投入的力度，推动"一村一品"与优势产业带的协同发展，包括改善基础设施、提升技术水平、扩大市场规模等方面。此外，长寿区还应注重品牌建设和市场推广，将"一村一品"打造成具有地方特色和市场竞争力的知名品牌；通过加强产销对接、拓展销售渠道等方式，将特色产品推向更广阔的市场，提升农产品的附加值和农民收入水平。

二、高质量提升农产品加工业

农产品加工业作为连接农业和工业的桥梁，对于促进农业结构调整、增加农民收入、提高农业综合效益具有至关重要的作用。如何高质量提升农产品加工业，不仅关系到当地农业的发展，也直接影响到区域经济的整体竞争力。

（一）加强科技创新，提升农产品加工技术水平

科技创新是提升农产品加工业核心竞争力的关键。长寿区要想在农产品加工业上取得突破，必须加强科技创新，提升农产品加工技术水平。一是建立和完善科技创新体系。长寿区应整合区内外的科技资源，建立以企业为主体、市场为导向、产学研相结合的科技创新体系；通过搭建科技创新平台，吸引和集聚创新资源，推动农产品加工技术的研发和创新。二是加大科技研发投入力度。长寿区应设立专项基金，用于支持农产品加工技术的研发和创新；鼓励企业加大自身研发投入力度，引导社会资本投向科技创新领域，形成多元化的科技投入机制。三是引进和培育创新人才。长寿区应制定更加优惠的人才政策，吸引国内外农产品加工领域的优秀人才来区内创新创业；加强与高校和科研机构的合作，培养一批高素质的农产品加工技术人才。通过加强科技创新，长寿区可以不断提升农产品加工技术水平，推动农产品加工业向高技术、高附加值方向发展。

（二）优化产业结构，培育农产品加工龙头企业

优化产业结构，培育农产品加工龙头企业，是提升农产品加工业整体实力的重要途径。拿"长寿柚"来讲，其主要的售卖形式就是直接销售，深加工方面的企业相对欠缺，相关企业完全可以进行多种形式的深加工来增加柚子自身的附加值。比如，柚子可以用来制作柚子茶，通常与柠檬和蜂蜜一起搭配，口感丰富，老少皆宜；也可以制作柚子蜜，是一种营养丰富的甜味食品；还可以深加工为柚子果酱、柚子酒和饮料、柚子糖和果脯、护肤产品等。长寿区应通过以下措施来实现这一目标：一是制定产业发展规划。长寿区应根据自身的资源禀赋和产业基础，制订科学合理的产业发展规划；明确农产品加工业的发展方向和重点领域，引导企业向规模化、集约化方向发展。二是培育龙头企业。长寿区应选择一批具有发展潜力、市场前景好的农产品加工企业，给予重点扶持和培育；通过政策倾

斜、资金支持等措施，帮助企业扩大规模、提升竞争力，逐步培育成为行业的龙头企业。三是加强产业链建设。长寿区应围绕农产品加工业，加强上、下游产业链的整合和协同；通过建立紧密的产业链合作关系，推动农产品加工业与农业、物流、销售等相关产业的融合发展，形成完整的产业链条。通过优化产业结构，培育农产品加工龙头企业，长寿区可以形成一批具有强大带动作用的领军企业，引领农产品加工业的健康发展。此外，长寿区还要全面提升精深加工能力、产业带动能力和市场竞争力，引导农产品加工企业向园区集聚，打造专业化区域性产业集群，提升农产品加工业占农业总产值的比重。

（三）加强品牌建设，提升农产品加工产品市场竞争力

品牌是农产品加工产品进入市场、赢得消费者认可的重要法宝。长寿区应加强品牌建设，提升农产品加工产品的市场竞争力。一是强化品牌意识。长寿区应引导农产品加工企业树立品牌意识，认识到品牌对于企业生存和发展的重要性；鼓励企业注册商标、申请专利，保护自主知识产权。二是打造特色品牌。长寿区应充分挖掘和利用本地的特色资源，打造具有地域特色和文化内涵的农产品加工品牌；通过品牌故事、文化内涵等方式，提升品牌的吸引力和影响力。三是加强品牌宣传和推广。长寿区应组织农产品加工企业参加各类农产品展销会、交易会等活动，展示和宣传本地的农产品加工品牌；利用互联网、电商等新型渠道，扩大品牌的知名度和美誉度。通过加强品牌建设，长寿区可以提升农产品加工产品的市场竞争力，为农产品加工业的持续发展奠定坚实基础。

三、精品打造乡村休闲产品

随着现代社会生活节奏的加快，人们对于休闲度假的需求日益增强，特别是在城市生活压力不断增大的背景下，乡村休闲产品因其独特的自然风光、宁静的生活氛围和丰富的文化体验而受到越来越多人的青睐。长寿区作为一个拥有丰富乡村资源和优美自然环境的地方，如何精品打造乡村休闲产品，不仅关系到当地旅游业的发展，更是推动乡村振兴、实现农村经济多元化发展的关键。

（一）充分挖掘和利用乡村特色资源

长寿区在精品打造乡村休闲产品的过程中，应充分挖掘和利用乡村特

色资源，包括自然风光、历史文化、民俗风情等方面。自然风光是乡村休闲产品的核心竞争力之一，长寿区应对其进行科学合理的规划和开发，保持其原始性和生态性，避免过度的商业化和人工化；要注重将自然风光与乡村生活相结合，打造出独具特色的乡村休闲体验。比如，长寿区可以尽早地开发利用好三洞沟峡谷的独有风光。三洞沟峡谷是桃花溪下游的狭长深沟峡谷，属青砂岩断裂峡谷带。峡谷全长 2.4 千米，宽 0.5~0.7 千米，横断面呈"V"字形，底顶落差 160 米，南接长江，东西北三面悬崖绝壁，北面最为奇险，可以用"奇、险、秀、野"来概括。

历史文化是乡村休闲产品的灵魂所在，长寿区应深入挖掘当地的历史文化资源，如古村落、古建筑、非物质文化遗产等，通过修复、保护和开发利用，将其转化为具有市场吸引力的乡村休闲产品。此外，民俗风情也是乡村休闲产品中不可或缺的元素，长寿区应积极举办各类民俗活动，如农耕体验、手工艺制作、节庆表演等，让游客在参与中感受到浓郁的乡村文化氛围。在挖掘和利用乡村特色资源的过程中，长寿区还应注重资源的可持续性和生态保护；坚持绿色发展的理念，确保乡村休闲产品的开发与当地生态环境相协调，实现经济效益和生态效益的双赢。

（二）创新乡村休闲产品业态和模式

长寿区在精品打造乡村休闲产品时，应注重创新业态和模式。传统的乡村休闲产品主要以农家乐、民宿等为主，虽然在一定程度上满足了游客的需求，但随着时间的推移和市场竞争的加剧，这些产品逐渐暴露出同质化严重、缺乏创新等问题。因此，长寿区应积极探索新的业态和模式，以满足游客日益多样化的需求。例如，长寿区可以发展乡村主题公园，将乡村文化与自然景观相结合，打造出具有主题性和互动性的乡村休闲产品；推广乡村研学旅行，利用乡村丰富的教育资源开展各类研学活动，让学生在实践中增长知识、提升能力；发展乡村康养旅游，利用乡村优美的自然环境和清新的空气打造适合老年人休闲度假的康养旅游产品。在创新业态和模式的过程中，长寿区还应注重与市场需求相结合；通过市场调研和分析，了解游客的需求和偏好，有针对性地开发适合不同人群的乡村休闲产品；注重与周边地区的协同发展，形成互补优势，共同打造区域性的乡村休闲旅游目的地。

（三）加强营销推广，拓展市场渠道

营销推广是乡村休闲产品走向市场的重要手段。长寿区在精品打造乡村休闲产品的过程中，应加强营销推广工作，拓展市场渠道。首先，长寿区要制订切实可行的营销策略和推广计划，明确目标市场和目标人群，选择合适的营销渠道和方式。例如，长寿区可以与旅行社、OTA 平台等合作，推广乡村休闲产品；举办各类节庆活动、旅游推介会等，吸引游客关注；利用大数据分析等技术手段，精准推送营销信息，提高营销效果。其次，长寿区要注重网络营销和社交媒体推广。随着互联网的普及和社交媒体的发展，网络营销和社交媒体推广成为乡村休闲产品营销的重要手段。长寿区应积极利用互联网平台，如微信、微博、抖音等，开展线上营销及推广活动，扩大品牌的影响力和知名度；同时，与网红、KOL 等合作，进行直播带货、短视频推广等，吸引更多游客关注和购买。最后，长寿区要加强口碑营销和客户关系管理。口碑营销是乡村休闲产品营销的重要方式之一，长寿区应注重提升游客的满意度和忠诚度，通过优质的服务和产品品质，赢得游客的好评和口碑；还要加强客户关系管理，建立完善的客户档案和数据库，定期与游客保持联系和互动，了解游客的需求和反馈，及时改进产品和服务。

第十章 推进农业数字赋能

第一节 推进农业数字赋能的重要性

推进农业数字赋能是实现农业现代化的重要途径，也是提高农业生产效率、优化农业资源配置、推动农业产业升级、增强农业抗风险能力的关键举措。随着科技的飞速发展和数字化转型的深入推进，推进农业数字赋能对于提升农业产业竞争力、促进农业可持续发展具有重要意义。根据战略规划，长寿区提出打造中国西部数谷总目标，预计到 2035 年年底，完成与数字时代相适应的治理方式、生产方式、生活方式变革，实现数字治理先进、数字经济发达、数智技术领先、数据主体云集、数字生态完备、数字生活美好，建成有国际影响力的中国西部数谷，而农业数字化发展也是打造中国西部数谷的重要组成部分。

一、提高农业生产效率

农业数字赋能的核心是利用现代信息技术，对农业生产全过程进行智能化、精准化管理。引入物联网、大数据、人工智能等技术，可以实现对农田环境的实时监测、对作物生长的精准控制，从而提高农业生产效率。首先，物联网技术的应用可以实现对农田环境的实时监测。在农田中部署传感器网络，可以实时采集土壤湿度、温度、光照等环境参数，为农业生产提供科学的数据支持。基于这些数据，农民可以及时调整灌溉、施肥等农事活动，确保作物在最佳环境下生长，从而提高产量和品质。其次，大数据技术的应用可以实现对农业生产数据的分析和挖掘。对历史数据进行分析，可以找出影响作物生长的关键因素，为农民提供科学的种植建议。同时，大数据技术还可以预测未来市场需求和价格走势，帮助农民合理安排生产计划，避免盲目跟风种植导致的市场风险。最后，人工智能技术的应用可以实现对农业生产的自动化管理和智能化管理。引入智能农机具、智能灌溉系统等设备，可以实现自动化播种、施肥、灌溉等农事活动，减轻农民的劳动强度，提高生产效率。同时，人工智能技术还可以对农业生产过程进行智能优化，如智能配肥、智能喷药等，从而实现对农业生产全过程的精准控制。

二、优化农业资源配置

农业数字赋能的另一个重要作用是优化农业资源配置。利用数字化技术，可以实现农业资源的精准匹配和高效利用，避免资源的浪费和闲置。首先，数字化技术可以实现土地资源的优化配置。利用卫星遥感、地理信息系统等技术，可以对土地资源进行全面调查和评估，为农民提供科学的土地利用建议。同时，土地流转信息平台的建设，可以实现土地资源的合理流转和集中利用，提高土地利用效率。其次，数字化技术可以实现水资源的优化配置。引入智能灌溉系统，可以实现对农田的精准灌溉，避免水资源的浪费。同时，利用大数据技术可以对水资源进行实时监测和调度，确保水资源在不同作物和不同区域之间的合理分配。最后，数字化技术可以实现农业劳动力的优化配置。引入智能农机具和自动化设备，可以减轻农民的劳动强度，提高生产效率。同时，利用互联网技术可以搭建农业劳动力共享平台，实现劳动力的合理流动和高效利用。

三、推动农业产业升级

农业数字赋能是推动农业产业升级的重要手段。利用数字化技术，可以推动农业向智能化、精细化、高效化方向发展，提升农业产业的整体竞争力。首先，数字化技术可以推动农业生产方式的转型升级。传统的农业生产方式主要依赖人力和经验，而数字化技术可以实现对农业生产的智能化管理。引入物联网、大数据等技术，可以实现对农田环境的实时监测和精准控制，提高农业生产效率。同时，数字化技术还可以推动农业向绿色、有机等方向发展，提升农产品的品质和附加值。其次，数字化技术可以推动农业产业链的延伸和拓展。利用互联网技术，可以实现农产品从田间到餐桌的全过程追溯和管理，保障食品安全。同时，利用电商平台可以拓展农产品的销售渠道，打破地域限制，实现农产品的跨区域销售。此外，数字化技术还可以推动农业与旅游、文化等产业的融合发展，打造农业全产业链。

四、增强农业抗风险能力

农业是一个高风险产业，面临着自然灾害、市场波动等多种风险。农业数字赋能可以通过提供精准数据支持、智能决策辅助等手段，增强农业的抗风险能力。

首先，数字化技术可以为农业提供精准的数据支持。实时监测和采集农田环境数据、作物生长数据等信息，可以为农民提供科学的种植建议和管理方案。这些数据可以帮助农民及时了解作物生长状况和市场行情，从而做出合理的决策，降低生产风险。其次，数字化技术可以为农业提供智能的决策辅助。利用大数据分析和人工智能技术，可以对农业生产数据进行深度挖掘和处理，为农民提供智能的决策支持。例如，预测未来市场需求和价格走势，可以帮助农民合理安排生产计划；制订智能配肥、智能喷药等方案，可以帮助农民减少化肥和农药的使用量，降低环境污染风险。

综上所述，推进农业数字赋能对于长寿区农业的发展具有重要意义。通过提高农业生产效率、优化农业资源配置、推动农业产业升级、增强农业抗风险能力等方面的作用，数字化技术可以为长寿区农业带来全面的提升和变革。在未来的发展中，长寿区应继续加大对农业数字赋能的投入力度和支持力度，推动农业数字化转型向更深层次、更广领域拓展、延伸。

第二节　推进农业数字赋能存在的问题

在科技飞速发展的时代背景下，数字赋能已经成为推动农业现代化的关键力量。尽管近年来长寿区在农业数字赋能方面进行了积极探索和实践，取得了一定成效，但是在实际推进过程中也暴露出一些问题，这些问题制约了农业数字赋能的进一步发展。

一、技术应用普及率不高

在技术应用层面，长寿区农业数字赋能面临着技术普及不高、应用深度不足的问题。尽管物联网、大数据、人工智能等技术在农业领域具有广阔的应用前景，但在长寿区，这些技术的普及率仍然需要进一步强化。一方面，由于农业生产的特殊性，数字技术的推广需要针对具体的农业生产环境和作物种类进行定制化开发，这增加了技术推广的难度和成本。另一方面，部分农民对新技术持观望态度，担心技术投入无法带来预期收益，因此缺乏主动应用新技术的积极性。同时，由于技术推广体系不完善，长寿区还缺乏有效的技术推广渠道和服务平台，这也制约了数字技术在农业中的普及和应用。在应用深度上，长寿区农业数字赋能也存在不足，其大部分数字技术在农业中的应用仍停留在初级阶段，如简单的环境监测、数据分析等；而对于更深层次的智能化管理、精准化决策等方面的应用，仍处于探索阶段。这限制了数字技术在农业中的发挥空间，也影响了农业数字赋能的实际效果。

二、农业生产主体对农业数字化认知较低

农民作为农业生产的主体，其素质水平直接关系到农业数字赋能的推进效果。在长寿区，农民素质层面存在的问题主要体现在数字技能普遍较低和对数字赋能的认知有限两个方面。首先，农民数字技能普遍较低是制约农业数字赋能的重要因素。由于历史原因和教育资源分布不均等，长寿区部分农民的数字技能水平较低，难以适应数字化时代的需求。这导致农民在接触和使用数字技术时面临较大困难，无法充分发挥数字技术在农业生产中的作用。因此，提升农民数字技能水平成为推进农业数字赋能的迫切任务。其次，农民对数字赋能的认知有限也影响了农业数字赋能的推进。部分农民对数字技术的了解仅停留在表面层次，对数字技术在农业中的具体应用和潜在价值还缺乏深入了解。这导致农民在实际应用数字技术时缺乏针对性和有效性，无法充分发挥数字技术的优势。因此，加强农民对数字赋能的认知和培训成为推进农业数字赋能的重要环节。

三、数字化基础设施不完善

基础设施是农业数字赋能的重要支撑，然而长寿区的农业基础设施建

设相对滞后，制约了农业数字赋能的推进。首先，网络基础设施建设不足。尽管近年来长寿区在网络基础设施建设方面取得了一定进展，但仍存在覆盖范围不广、信号质量不稳定等问题。这使得农民在使用数字技术时面临网络连接不畅、数据传输速度慢等困扰，影响了数字技术在农业中的应用效果。其次，农业信息化平台建设不完善。农业信息化平台是农业数字赋能的重要载体，可以为农民提供信息发布、交易对接、技术支持等服务，然而长寿区的农业信息化平台建设相对滞后，功能不完善、服务不便捷等问题依然存在。这使得农民在享受农业信息化服务时面临诸多不便，制约了农业数字赋能的推进。

第三节 推进农业数字赋能的具体路径

随着信息技术的迅猛发展，数字技术已经成为推动农业现代化、实现农业高质量发展的重要力量。因此，提高数字技术在农业中的普及率和应用深度、加强对农民数字农业教育培训、加强农业数字化基础设施建设对于推动长寿区农业现代化、提升农业竞争力具有重要意义。

一、提高数字技术在农业中的普及率和应用深度

（一）加强政策引导，优化发展环境

政策引导是推动数字技术在农业中普及和应用的重要保障。当地政府应制定一系列优惠政策，鼓励和支持农业企业、科研机构以及农户积极应用数字技术。一是制定财政补贴政策。当地政府可以针对购买和使用数字农业设备的农户和企业，给予一定比例的财政补贴，降低其经济负担，提高其应用数字技术的积极性。二是实施税收优惠。当地政府可以对从事数字农业技术研发、生产和销售的企业，给予一定期限的税收减免，鼓励其加大投入力度，推动数字技术在农业中的广泛应用。三是设立专项基金。当地政府可以设立数字农业发展专项基金，支持农业科技创新和数字农业项目建设，为数字技术在农业中的普及和应用提供资金保障。

（二）加强技术创新与研发

技术创新与研发是提高数字技术在农业中的普及率和应用深度的核心

动力。长寿区应加大对数字农业技术研发的投入力度，推动产学研用深度融合，加快数字技术在农业中的研发与应用进程。首先，支持科技创新团队建设。当地政府可以引进和培养一批高水平的数字农业技术研发人才，组建科技创新团队，为数字技术在农业中的研发和应用提供有力的人才保障。其次，当地政府还可以加强国内相关先进数字农业示范区的交流与合作，积极引进先进的数字农业技术和管理经验，推动长寿区数字农业与国际接轨；鼓励长寿区数字农业企业走出去，参与竞争，提高数字技术在农业中的影响力。最后，在技术创新与研发的过程中，长寿区还应注重知识产权的保护和管理，确保研发成果得到合理利用和推广，为数字技术在农业中的普及和应用提供持续的动力支持。

（三）创新合作机制，推动产学研用深度融合

创新合作机制是推动数字技术在农业中普及和应用的重要途径。长寿区应积极探索产学研用深度融合的发展模式，形成政府引导、企业主体、科研院所支撑、农户参与的良好机制。一是加强政产学研用协同创新。长寿区要鼓励政府、企业、科研院所和农户之间建立紧密的合作关系，共同开展数字农业技术研发和推广；通过项目合作、成果转化等方式，实现资源共享和优势互补。二是建立科技成果转化机制。长寿区要完善科技成果评价体系和激励机制，鼓励科研人员积极投身数字农业技术研发和成果转化；加强知识产权保护和管理，确保科技成果得到合理利用和推广。三是推动产学研用一体化发展。长寿区要支持有条件的企业和科研院所建立数字农业示范基地或实验室，开展数字农业技术集成示范和推广应用；通过产学研用一体化发展，推动数字技术在农业中的普及和应用向更高层次迈进。

二、加强对农民数字农业教育培训

随着信息技术的迅猛发展，数字技术已经渗透到农业生产的各个环节，为农业现代化提供了有力支撑。因此，加强对农民的数字农业教育培训显得尤为重要。

（一）完善培训体系，确保培训全覆盖

完善培训体系是提高农民数字农业技能的重要保障。长寿区应建立健全数字农业培训体系，确保培训全覆盖。一是建立健全多级培训体系。长

寿区应构建区、街镇、村三级培训体系，明确各级培训职责和任务。区级培训主要负责制定培训计划和政策，统筹协调全区培训工作；乡级培训则根据区级计划，结合本地实际情况，组织具体的培训工作；村级培训则是最基层的培训单位，负责将培训资源直接送到农民手中。二是加强培训师资队伍建设。培训师资队伍的素质直接影响培训效果，长寿区应注重选拔和培养一批既懂农业又懂数字技术的复合型人才，组建专业的培训师资队伍；同时，鼓励科研机构、高校和企业的专家学者参与培训工作，提高培训的专业性和实用性。

（二）丰富培训内容，满足农民多元化需求

丰富培训内容是提高农民数字农业技能的关键环节。长寿区应根据农民的实际需求和农业生产特点，设计针对性的培训内容。一是加强数字农业基础知识培训。针对农民数字素养较低的问题，长寿区应开展数字农业基础知识培训，包括计算机基础操作、网络应用、智能手机使用等，帮助农民掌握基本的数字技能。二是加强智能农业设备操作与维护培训。随着智能农业设备的广泛应用，农民对设备操作与维护技能的需求日益迫切，长寿区应组织专业的培训团队，对农民进行智能农业设备操作与维护技能培训，提高农民的设备使用效率和维护能力。三是加强农业数据分析与应用培训。数据分析在农业生产中具有重要作用，长寿区应引导农民学习农业数据分析方法和技术，培养农民利用数据指导生产、提高效益的能力；同时，结合农业生产实际，开展农业物联网、大数据、人工智能等先进技术的培训与应用。

（三）加强培训成果转化，推动农业生产发展

加强培训成果转化是推动农业生产发展的关键举措。长寿区应注重将培训成果转化为实际生产力，推动农业生产发展。一是建立培训成果展示平台。长寿区应通过建立培训成果展示平台，将农民在培训过程中学到的知识和技能进行展示和交流。这不仅可以激发农民的学习热情和创造力，还可以促进农民之间的相互学习和借鉴。二是加强培训成果在农业生产中的应用。长寿区应鼓励农民将学到的数字农业技能应用到实际生产中，提高农业生产的智能化、精准化水平；同时，组织专家团队对农民的生产实践进行指导和支持，帮助农民解决生产中的实际问题。三是探索培训成果与产业融合发展的新模式。长寿区应结合当地农业产业特点和发展需求，

探索培训成果与产业融合发展的新模式。例如，将数字农业技能与特色农产品种植、加工、销售等环节相结合，打造具有地方特色的农业产业链和品牌。

三、加强农业数字化基础设施建设

在数字经济的时代背景下，农业数字化已成为推动农业现代化转型的关键力量。农业数字化基础设施建设相对滞后，会制约数字技术在农业中的广泛应用和深度发展。因此，加强农业数字化基础设施建设显得尤为重要。

（一）完善网络基础设施，夯实数字化基础

网络基础设施是农业数字化的前提和保障，长寿区应加强网络基础设施建设，提高网络覆盖率和网络质量，为农业数字化提供有力支撑。一是扩大网络覆盖范围。长寿区应加大投入力度，推进农村地区通信网络建设，实现行政村、自然村的网络全覆盖；同时，推动网络提速降费，降低农民使用网络的成本，提高网络普及率。二是提升网络服务质量。长寿区应加强网络维护和优化，提高网络稳定性和数据传输速度；建立健全网络服务体系，为农民提供便捷、高效的网络服务。三是推广移动互联网应用。随着智能手机的普及，移动互联网已成为农民获取信息、开展生产销售的重要渠道，长寿区应积极推广移动互联网应用，引导农民使用手机App、微信小程序等工具，方便农民随时随地获取农业信息和服务。

（二）推进农业物联网建设，实现智能化管理

农业物联网是农业数字化的重要组成部分，长寿区应积极推进农业物联网建设，实现农业生产环境的智能化感知、智能化决策和智能化管理。一是建设农业物联网平台。长寿区应搭建农业物联网平台，实现各类农业物联网设备的接入和管理。通过平台，农民可以实时监测农业生产环境，了解作物生长情况，及时调整生产措施。二是推广智能化农业设备。长寿区应引导农民使用智能化农业设备，如智能温室、智能灌溉系统、智能施肥系统等，这些设备可以根据作物生长需求和环境变化，自动调节生产参数，提高农业生产效率和产品质量。三是加强物联网技术应用培训。针对农民对物联网技术的认知和应用能力较低的问题，长寿区应加强物联网技术应用培训，通过组织培训班、现场指导等方式，帮助农民掌握物联网设

备的使用和维护技能，提高物联网技术在农业生产中的应用水平。

（三）加强农业大数据平台建设，助力科学决策

农业大数据是农业数字化的核心资源，长寿区应加强农业大数据平台建设，整合各类农业数据资源，为农业生产提供科学决策支持。一是建设农业大数据中心。长寿区应搭建农业大数据中心，实现各类农业数据的汇聚和存储；通过数据清洗、整合和加工，形成标准化、规范化的农业数据集，为农业生产提供全面、准确的数据支持。二是推广农业数据分析应用。长寿区应利用大数据分析技术，对农业数据进行深度挖掘和分析；利用数据分析，可以了解农业生产规律和市场需求变化，为农民提供种植结构调整、产品优化等决策建议。三是加强数据安全保护。在农业大数据平台建设过程中，长寿区应注重数据安全保护，建立健全数据安全管理制度和规范，加强数据访问控制和加密传输等措施，确保农业数据的安全性和隐私性。

（四）提升农业智能装备水平，推动精准农业发展

农业智能装备是实现精准农业的关键，长寿区应提升农业智能装备水平，推动精准农业的发展。一是引进和推广智能农业装备。长寿区应积极引进和推广先进的智能农业装备，如无人驾驶拖拉机、智能植保无人机、精准施肥系统等。这些装备可以实现精准播种、精准施肥、精准喷药等作业，提高农业生产效率和资源利用率。二是加强智能装备技术研发。长寿区应鼓励科研机构和企业加强智能装备技术的研发和创新，通过政策支持、项目扶持等方式，推动智能装备技术的突破和应用。三是建立智能装备服务体系。长寿区应建立健全智能装备服务体系，为农民提供智能装备的租赁、维修、保养等一站式服务；同时，加强智能装备操作和维护培训，提高农民使用智能装备的技能水平。

第十一章 推动农业产城融合发展

第一节 推动农业产城融合发展的重要性

农业产城融合是指将农业生产与城市发展相结合，实现农业产业化与城市化进程的良性互动。长寿区作为农业资源丰富的地区，推动农业产城融合发展具有重要的战略意义。本节将从促进农业现代化、推动城市经济发展、提升生态环境质量、增加农民收入四个方面深入论述长寿区推动农业产城融合发展的重要性。

一、促进农业现代化

农业产城融合发展是推动农业现代化的重要途径。通过推动农业产城融合发展，长寿区可以加快农业结构调整、提高农业生产效率、实现农业现代化。首先，农业产城融合有助于优化农业产业结构。在产城融合的过程中，长寿区可以引导农民调整种植结构，发展高效、生态、特色的现代农业；通过引进新品种、新技术和新模式，推动农业向高质量、高效益方向发展，形成具有竞争力的农业产业体系。其次，农业产城融合可以提高农业生产效率。随着城市化进程的加速，农业生产面临着劳动力短缺、土地资源有限等问题。通过推进农机化、智能化和信息化，长寿区可以提高农业生产的自动化水平和智能化水平，降低生产成本，提高生产效率；同时，还可以加强农业科技研发和推广，为农业生产提供技术支撑，推动农业科技创新和成果转化。最后，农业产城融合有助于完善农业产业链。在产城融合的过程中，长寿区可以加强农产品加工、仓储、物流等环节的建设，完善农业产业链；通过延伸产业链条，提高农产品附加值，增加农民收入；同时，还可以加强与城市消费市场的对接，推动农产品进城入市，拓展农产品销售渠道，提高市场竞争力。

二、推动城市经济发展

农业产城融合发展是推动城市经济发展的重要力量。长寿区通过推动农业产城融合发展，可以实现农业与城市经济的良性互动，为城市经济发展提供新的动力。首先，农业产城融合有助于增加城市经济总量。在产城融合的过程中，长寿区可以充分利用农业资源优势，发展特色农业产业；通过打造农业品牌、拓展农产品市场，可以吸引更多的投资和消费，增加城市经济总量；同时，农业产业的发展还可以带动相关产业的发展，形成产业聚集效应，推动城市经济持续健康发展。其次，农业产城融合可以推动城市就业增长。随着农业产业的发展和产业链的完善，长寿区将创造更多的就业机会，农民可以就地、就近就业，降低城市就业压力；同时，长寿区农业产业的季节性特点也可以为城市提供灵活、多样的就业机会，满足不同人群的就业需求。最后，农业产城融合有助于优化城市空间布局。在产城融合的过程中，长寿区可以合理规划农业用地和城市用地，实现土地利用的集约化和空间布局的合理化。通过发展都市农业、观光农业等新型农业形态，长寿区还可以将农业生产与城市生活相结合，打造宜居宜业的城市环境。

三、提升生态环境质量

农业产城融合发展是提升生态环境质量的重要手段。长寿区通过推动农业产城融合发展，可以实现农业生产与生态保护的协调发展，加快形成绿色低碳的生产生活方式。首先，农业产城融合有助于保护生态环境。在产城融合的过程中，长寿区可以加强农业生态环境保护，减少化肥、农药等化学品的使用量，降低农业面源污染；同时，还可以加强农田水利建设和土地整治，改善土壤质量和水利条件，提高农业生态系统的稳定性和抗干扰能力。其次，农业产城融合可以促进资源循环利用。通过发展循环农业、生态农业等新型农业模式，长寿区可以实现农业废弃物的资源化利用和能源的循环利用。这不仅可以降低生产成本，提高资源利用效率，还可以减少废弃物排放和能源消耗，加快形成绿色低碳的生产方式。最后，农业产城融合有助于加快形成绿色生活方式。在产城融合的过程中，长寿区可以加强生态文明宣传和教育，引导居民形成绿色低碳的生活方式。通过采取绿色出行、节约资源、垃圾分类等措施，长寿区可以更好地培养居民的环保意识和行为习惯，加快形成人与自然和谐共生的良好局面。

四、增加农民收入

农业产城融合发展是增加农民收入的重要途径。长寿区通过推动农业产城融合发展，可以拓宽农民收入渠道、提高农民收入水平、促进农村经济发展和社会稳定。首先，农业产城融合可以增加农民的经营性收入。通过发展特色农业产业和延伸产业链条，农民可以获得更多的经营性收入。同时，随着农业生产效率的提高和农产品附加值的增加，农民的收入水平也将相应提升。其次，农业产城融合可以增加农民的财产性收入。在产城融合的过程中，长寿区可以深化农村集体产权制度改革、优化土地流转政策，使农民获得更多的土地财产权益。农民可以通过出租、入股等方式流转土地经营权，获得稳定的财产性收入。最后，农业产城融合可以增加农民的转移性收入。随着城市经济的发展和就业机会的增加，农民可以获得更多的转移性收入。当地政府可以通过加大财政转移支付力度、完善社会保障体系等措施，提高农民的收入保障水平。

综上所述，长寿区推动农业产城融合发展对于促进农业现代化、推动城市经济发展、提升生态环境质量、增加农民收入具有重要意义。通过优化农业产业结构、提高农业生产效率、完善农业产业链、增加城市经济总量、推动城市就业增长、优化城市空间布局、保护生态环境、促进资源循环利用、推动形成绿色生活方式、拓宽农民收入渠道等措施，长寿区可以进一步推动农业产城融合发展，实现农业现代化与城市化进程的良性互动，为经济社会可持续发展提供有力支撑。

第二节　推动农业产城融合发展存在的问题

农业产城融合作为推动农业现代化与城市化进程相结合的重要战略，

对于促进区域经济发展、优化空间布局、提升生态环境质量以及增加农民收入具有显著意义。然而，在长寿区推动农业产城融合发展的过程中，不可避免地存在一些问题，这些问题若不及时解决，将可能影响到产城融合的深入推进和实际效果。

一、基础设施建设需强化

首先，长寿区在农业农村基础设施建设上还缺乏科学的规划和合理的布局。由于历史原因和规划滞后，该地区部分农村地区的基础设施建设存在盲目性和随意性，或多或少出现了资源浪费和重复建设的情况。同时，由于缺乏与城市规划的有效衔接，农业农村基础设施建设与城市发展需求之间存在脱节现象，无法满足产城融合对基础设施的配套要求。其次，资金投入不足是制约长寿区农业农村基础设施建设的重要因素。农业基础设施建设需要大量的资金投入，但由于该地区财政收入有限，难以承担全部建设费用。同时，社会资本对农业基础设施建设的投资意愿不强，导致资金来源单一、投入不足。资金短缺使得一些重要的农业基础设施项目无法按时启动或完成，影响了产城融合的推进进度和实际效果。最后，长寿区在农业、农村基础设施建设过程中存在管理体制不顺畅的问题。由于涉及多个部门和层级，该地区在农业基础设施建设的项目审批、资金拨付、施工监管等方面还存在程序烦琐、效率低下等问题。同时，缺乏有效的协调机制，不同部门之间在基础设施建设上有可能各自为政、相互掣肘，导致项目推进缓慢甚至出现停滞现象。

农民参与度不高也是长寿区在统筹农业农村基础设施建设中需要关注的问题。农民是农业农村基础设施的直接受益者，他们的参与度直接影响到基础设施建设的实际效果。然而，在实际推进过程中，由于参与渠道不畅等原因，农民对基础设施建设的认知度和参与度都不高。部分农民对基础设施建设持观望态度，甚至存在抵触情绪，给项目的顺利推进带来了一定的阻力。

二、农村集体经济比重不强

首先，长寿区农村集体经济面临着产业结构单一的问题。长期以来，该地区农村集体经济主要依赖传统的农业种植和养殖业，缺乏多元化的产业支撑。随着市场经济的发展和消费者需求的变化，这种单一的产业结构已经难以适应市场竞争的需要，导致农村集体经济发展后劲不足。其次，人才匮乏是制约长寿区农村集体经济发展的另一大瓶颈。由于长寿区农村地区相对落后，缺乏吸引人才和留住人才的有效机制，农村集体经济在人才队伍建设方面存在严重短板。同时，该地区还缺乏专业的管理人才、技术人才和市场营销人才，使得农村集体经济在市场竞争中处于不利地位，难以实现跨越式发展。再次，资金不足也是长寿区农村集体经济发展面临的重要问题。农村集体经济在发展过程中需要大量的资金投入，用于基础设施建设、产业升级、市场拓展等方面。然而，由于该地区农村集体经济自身积累有限，加上外部融资渠道不畅，资金短缺成为制约其发展的关键因素。此外，长寿区农村集体经济在土地利用方面也存在着一些问题。一方面，随着城市化进程的加速推进，农村集体土地被大量征用，导致土地资源日益紧缺；另一方面，由于土地流转机制不完善、土地权益保障不到位等原因，农村集体经济在土地利用上难以发挥最大效益。最后，长寿区农村集体经济在内部管理上还有待加强。部分农村集体经济组织还缺乏有效的治理结构和监督机制，导致内部管理混乱、决策失误等问题频发。这不仅损害了农村集体经济组织的形象和信誉，也影响了其对外合作和发展的能力。

三、农村"沉睡"资源利用度不高

第一，长寿区在盘活农村"沉睡"资源时面临着土地制度制约的问题。当前，长寿区的农村土地制度尚不完善，如土地流转、承包经营权转让等仍存在诸多限制。这些制度性障碍导致农村土地资源难以得到有效整合和利用，大量土地处于低效利用或闲置状态。第二，农村劳动力资源未能得到充分利用也是一大问题。由于农村地区经济发展相对滞后，缺乏足够的就业机会和吸引力，大量农村劳动力外流。留守在农村的劳动力往往年龄偏大、技能偏低，难以满足现代农业和产城融合发展的需求。如何吸引并留住年轻、有技能的劳动力，成为盘活农村劳动力资源的关键。第三，长寿区在盘活农村文化遗产资源方面也存在不足。农村文化遗产是中华优秀传统文化的重要组成部分，具有独特的历史、艺术和科学价值。然而，由于保护意识不强、开发利用不当等原因，该地区许多农村文化遗产资源遭到破坏或流失。这不仅是历史文化的损失，也影响了农村地区的文化发展和旅游开发。第四，资金和技术瓶颈也是制约长寿区盘活农村"沉睡"资源的重要因素。盘活"沉睡"资源需要大量的资金投入和先进的技术支持。然而，由于农村地区经济基础薄弱、融资渠道有限，资金和技术成为制约"沉睡"资源盘活的关键因素。若是缺乏足够的资金与技术支持，许多有潜力的农村资源就无法得到有效的开发和利用。第五，长寿区在盘活农村"沉睡"资源过程中还面临着市场对接不畅的问题。由于农村地区市场体系不完善、信息不对称等原因，农产品销售、乡村旅游开发等难以与城市市场需求有效对接。这使得农村资源的价值无法得到充分体现，也影响了农业产城融合的效益提升。

第三节　推动农业产城融合发展的具体路径

推动农业产城融合发展的具体路径主要包括统筹农业、农村基础设施建设，壮大农村集体经济，盘活农村"沉睡"资源。

一、统筹农业、农村基础设施建设

农业的发展离不开坚实的基础设施支撑。当前，长寿区的农业基础设施建设较为薄弱，这在一定程度上制约了农业的进一步发展。为了改善这一状况，当地政府需要通过政策引导，加大政府财政专项资金的支持力度，并积极争取多元化的资金投入。只有这样，长寿区才能加大基础设施建设的力度，为农业的持续健康发展奠定坚实的基础。

（一）优化农田水利设施建设

为了促进农田的持续发展，长寿区必须把农田水利基础设施建设作为重点和关键来抓。一是要大力支持高标准、智能化的工程水利设施建设，以提高抗旱能力。为此，长寿区需要充分利用上级政策，深入研究政府相关文件精神，并主动对接国家和本市的"十四五"规划及重大项目建设，争取更多的政策性项目落户长寿区。二是要按照现代农业的设施要求来配置农田水利设施，强化其配套能力。通过全力推进各街镇的高标准农田建设，长寿区可以全面提升自身农业的基础设施水平，为农业的高效发展打下坚实基础。三是各部门要形成合力,密切配合进行全市农田水利基础设施的摸排工作。长寿区需要明确管理维护主体的责任,确保农业基础设施的建设、使用和管理得到统筹协调。当地政府通过积极改善农业基础设施因缺乏管护而导致的老旧残破现状,可以确保这些设施持续发挥作用,为农业的长远发展提供有力支持。

(二)推进水电气网全面升级改造

以建设宜居乡村为目标,长寿区必须切实推进乡村基础设施的全面建设和改造,包括用水、电路、燃气和网络等设施,以迅速补齐乡村基础设施的短板。首先,乡村用水供应保障工作是重中之重。当地政府需要全面加强供水管道的清理工作和维护工作,确保供水数量和质量达到标准;同时,要完善乡村饮水安全风险检测制度,从源头上保障乡村居民的饮水安全。其次,农村电网的改造工程也亟待实施。当地政府应加快推进光纤"村村通"工程,力争实现 5G 网络在农村地区的全面覆盖,为"互联网+现代农业"的积极发展奠定坚实基础。再次,为了让广大农民享受到天然气带来的便利,农村天然气工程建设必须加快步伐。当地政府要通过铺设天然气管道,将天然气引入乡村,让农民的生活更加便捷和舒适。最后,乡村公路和客运站点的建设也是提升乡村基础设施的重要组成部分。当地政府应积极推动长寿区等级路和有铺装路面的公路建设,同时不断完善物流、仓储、冷链等支持农村产业升级的基础设施;在条件成熟的乡镇,应抓住时机,加快现代物流园区和农产品电商示范镇的建设,以推动乡村经济的全面发展。

(三)完善多方资金投入渠道

长寿区农业基础设施建设正面临着投入需求大、回报少、周期长的挑战,同时筹措资金的渠道也相对较少。由于公共财政预算支出未能及时跟上现代农业的发展步伐,因此长寿区亟须建立一个有效的农业基础建设财政资金投入体系。为了充分利用各级政府的财政资金,长寿区应加强重庆市农业农村委员会、重庆市教育委员会、重庆市民政局等多个部门之间的联动沟通。在梳理资源并进行整体考虑后,再分配资金,以确保在各个项目和环节中避免重复投资,从而提高资金的使用效率。此外,招商引资工作也是加强农业基础设施建设的重要途径。长寿区需要拓宽融资渠道,根据不同街镇的发展定位和整体规划,有针对性地加大产业园区内生产设施和生活设施的建设力度；特别是要全力提升产业园区的基础设施配套水平，以确保其能够稳步健康发展，为现代农业提供有力支撑。最后，为了确保已经建成使用的现代农业基础设施能够长期稳定地发挥作用，长寿区需要增加管理维护资金并加强日常管理维护的工作。通过探索制定管理维护的长效机制，长寿区可以保障这些基础设施的持续有效运行，从而为农业的持续发展和现代化进程提供坚实基础。

（四）科学布局促进城乡融合发展

规划是统筹农业农村基础设施建设的先导。长寿区应树立城乡融合发展的理念，打破传统城乡二元结构的束缚，将农村基础设施建设纳入城市总体规划中，实现城乡规划"一盘棋"。具体来说，长寿区要完善城乡规划体系，确保农村基础设施规划与土地利用总体规划、村镇建设规划等相衔接，形成相互配套、协调一致的规划体系。在规划过程中，长寿区还要注重科学性和前瞻性；要深入调研，充分了解农村地区的基础设施现状和未来发展需求，确保规划符合实际、贴近民生；要考虑到农业农村的长期发展趋势，预留足够的发展空间，避免频繁进行规划调整造成的资源浪费。此外，规划还应注重绿色发展理念。在基础设施建设中，长寿区要优先考虑环保、节能、可持续的项目，减少对自然环境的破坏，实现经济效益、社会效益和生态效益的有机统一。

二、壮大农村集体经济

农村集体经济作为我国农村经济的重要组成部分，对于推动农村经济发展、增加农民收入、实现乡村振兴具有重要意义。本书将从以下四个方面对如何壮大农村集体经济进行深入论述，以期为相关政策的制定和实施提供有益参考：

（一）深化农村集体产权制度改革，激发集体经济发展活力

农村集体产权制度是农村集体经济的基础。深化农村集体产权制度改革，是激发集体经济发展活力、推动集体经济发展的关键。长寿区应加快推进农村集体产权制度改革，明确集体资产的所有权、经营权、收益权和处置权，保障农民群众的合法权益。首先，要开展清产核资工作，摸清家底。通过全面清查、核实农村集体资产，长寿区应建立健全集体资产台账，为产权制度改革提供准确的数据支持。其次，要推进股份合作制改

革，将集体资产折股量化到农户。长寿区应通过股份合作制改革，使农民成为集体资产的所有者和受益者，增强农民对集体经济发展的参与度和获得感。最后，要建立健全集体资产管理制度和收益分配机制。长寿区应通过制定科学的管理制度，规范集体资产的管理和运营；通过合理的收益分配机制，确保农民能够分享集体经济发展的成果。

（二）培育主导产业和新型经营主体，增强集体经济发展实力

主导产业和新型经营主体是农村集体经济发展的重要支撑。长寿区应结合本地资源禀赋和市场需求，积极培育主导产业和新型经营主体，增强集体经济发展实力。首先，要因地制宜发展主导产业。长寿区要根据本地的自然资源、地理位置、气候条件等因素，选择具有比较优势和市场竞争力的产业作为主导产业加以培育；同时，要注重产业链的延伸和价值链的提升，推动主导产业向上、下游延伸，向高附加值领域拓展。其次，要积极培育新型经营主体。长寿区要鼓励和支持农民成立专业合作社、家庭农场等新型经营主体，引导其参与集体经济发展；同时，要加强对新型经营主体的扶持和服务，提高其市场竞争力和盈利能力。最后，要推动农村三次产业融合发展。长寿区应通过产业融合，打破传统产业界限，形成"接二连三"的产业链条，提高农业附加值和综合效益。

（三）创新集体经济发展模式，拓宽集体经济发展路径

创新集体经济发展模式是推动农村集体经济发展的重要手段。长寿区应积极探索符合本地实际的集体经济发展模式，拓宽集体经济发展路径。首先，可以探索土地股份合作模式。长寿区可以引导农民将土地承包经营权入股到集体经济组织或专业合作社中，实现土地规模化经营和产业化发展。其次，可以发展农业社会化服务模式。通过成立农业社会化服务组织，长寿区可以为农户提供产前、产中、产后的全程服务，提高农业生产效率和质量。此外，长寿区还可以探索乡村旅游、农村电商等新型业态模式，利用本地的自然风光、民俗文化等资源发展乡村旅游；借助互联网平台开展农村电商业务，拓展农产品销售渠道。最后，要加强与城市经济的对接与融合。长寿区可以通过城乡联动、产城融合等方式，将农村集体经济纳入城市经济发展体系中，实现城乡经济协同发展。

（四）加强政策扶持和人才培养，优化集体经济发展环境

政策扶持和人才培养是优化农村集体经济发展环境的重要保障。长寿

区应加大政策扶持力度，加强人才培养工作，为农村集体经济发展提供有力支撑。首先，要加大财政投入力度。长寿区可以通过设立专项资金、增加转移支付等方式，支持农村集体经济发展；同时，要落实税收优惠政策，减轻集体经济组织和企业的税收负担。其次，要加大金融支持力度。当地政府可以引导金融机构加大对农村集体经济的信贷投放力度，鼓励社会资本进入农村投资领域，推动农业保险业务发展；同时，还要加大基础设施建设投入力度，改善农村生产生活条件，提高农业综合生产能力。最后，要加强人才培养工作。长寿区可以通过开展培训、外出考察等方式提高农民的技能水平和市场意识，引进高素质人才参与农村集体经济管理运营工作，建立健全激励机制吸引和留住优秀人才为农村集体经济发展贡献力量。

三、盘活农村"沉睡"资源

随着城市化进程的加速，农村地区的资源逐渐被边缘化，大量的农村资源陷入沉睡状态，这不仅制约了农村经济的发展，也浪费了宝贵的资源。长寿区作为一个典型的农村地区，同样面临着如何盘活农村"沉睡"资源的问题。本书将从以下四个方面进行深入论述，以期为该地区乃至更广泛地区的农村资源盘活提供策略参考：

（一）加强土地资源整合，释放土地潜力

土地是农村最重要的资源之一，但由于历史原因和制度限制，农村土地资源并未得到充分利用。长寿区应加强土地资源整合，通过土地流转、承包经营权转让等方式，将零散的土地集中起来，形成连片规模经营。这样不仅可以提高土地利用效率，还可以降低农业生产成本，提高农业产出。在土地资源整合过程中，当地政府应发挥主导作用，制定相关政策和法规，规范土地流转市场，保障流转双方的合法权益；同时，还要建立健全土地流转服务平台，提供信息发布、交易撮合、政策咨询等一站式服务，降低土地流转的交易成本。此外，长寿区还要加强对土地流转后用途的监管，防止土地非农化、非粮化现象的发生。

（二）挖掘农村劳动力资源，激发人口红利

农村劳动力是农村经济发展的重要推动力量，但由于农村地区经济发展相对滞后，大量劳动力外流，农村劳动力资源未能得到充分利用。长寿区应积极挖掘农村劳动力资源，通过提供就业机会、加强技能培训、改善工作环境等措施，吸引劳动力回流，激发人口红利。具体来说，长寿区可以通过招商引资、发展乡村旅游等方式，创造更多的就业机会，吸引外出务工人员回乡就业；同时，还要加强对农村劳动力的技能培训，提高其就业能力和竞争力。此外，长寿区还要改善农村工作环境和生活条件，提高农村劳动力的生活质量和幸福感。

（三）开发利用农村文化遗产资源，推动文旅融合发展

农村文化遗产是中华优秀传统文化的重要组成部分，具有独特的历史、艺术和科学价值。但由于保护意识不强、开发利用不当等原因，许多农村文化遗产资源遭到破坏或流失。长寿区应积极开发利用农村文化遗产资源，推动文旅融合发展，将文化遗产转化为经济价值；在开发利用过程中，要坚持保护优先的原则，确保文化遗产的真实性和完整性；要注重创新开发方式，将文化遗产与现代科技、创意产业等相结合，打造具有地方特色的文旅产品。此外，长寿区还要加大宣传推广力度，提高农村文化遗产的知名度和影响力。

（四）引导社会资本投入，激活农村市场活力

社会资本是盘活农村"沉睡"资源的重要力量，但由于农村地区投资环境相对较差、风险较高，社会资本进入意愿不强。长寿区应积极引导社会资本投入农村市场，激活市场活力。具体来说，长寿区可以通过财政补贴、税收优惠等方式，降低社会资本进入农村市场的成本；同时，还要建立健全风险保障机制，降低社会资本的投资风险。此外，长寿区还要加强与社会资本的沟通与合作，引导其参与农村基础设施建设、农业产业化经营等。在引导社会资本投入的过程中，长寿区还要注重培育农村市场主体；通过鼓励农民成立专业合作社、家庭农场等新型经营主体，提高其组织化程度和市场竞争力；要加大对农村市场主体的扶持力度和服务力度，帮助其解决资金、技术、市场等方面的难题。

第十二章　经验与启示

第一节　坚持党的领导

农业作为国家的根基产业，其高质量发展对于国家的稳定、繁荣和人民的福祉具有深远的意义。在实现农业高质量发展的进程中，坚持党的领导不仅是政治原则，更是实践经验的总结。

一、坚持党的领导，确保农业发展的正确方向

农业高质量发展是一个复杂的系统工程，涉及土地、劳动力、资金、技术、市场等多个要素。在这个过程中，我们必须坚持党的领导，确保农业发展的正确方向。我们要通过制定和实施一系列农业政策，引导农业资源优化配置，推动农业结构调整和产业升级，实现了农业生产的高效、优质、绿色和可持续发展。在实践中，党始终坚持把解决好"三农"问题作为全党工作的重中之重，把推进农业现代化作为实现高质量发展的重要任务。我们主要是通过加强顶层设计、完善政策体系、强化科技支撑、深化农村改革，推动农业农村经济持续健康发展。这些成就的取得，根本在于坚持党的领导，确保农业发展的正确方向。

二、加强党的组织建设，提升农业发展的组织力

农业高质量发展需要强有力的组织保障。加强党的组织建设，提升农业发展的组织力，是实现农业高质量发展的关键。我们要通过建立健全农村基层党组织，发挥党组织的战斗堡垒作用和党员的先锋模范作用，引领

农民群众积极投身于农业现代化建设。在实践中，我们要注重加强农村基层党组织建设，提高基层党组织的凝聚力和战斗力；通过选派优秀干部到农村任职、加强农村党员队伍建设、完善农村基层治理机制等措施，增强了农村基层党组织的领导力、组织力和执行力。这些举措为农业高质量发展提供了坚实的组织保障。

三、发挥党的群众优势，激发农业发展的内生动力

农民是农业发展的主体。发挥党的群众优势，激发农民群众的积极性、主动性和创造性，是实现农业高质量发展的根本动力。我们要通过宣传教育、示范引导、政策扶持等方式，提高农民群众的思想认识和科技素质，增强他们的发展信心和能力。在实践中，我们要注重发挥农民群众的主体作用，尊重农民的首创精神；通过推广先进的农业技术和管理经验、培育新型职业农民、发展农民合作社等措施，激发了农民群众的生产热情和创造活力。这些举措为农业高质量发展注入了强大的内生动力。

四、深化农村改革，释放农业发展的制度红利

改革是推动农业高质量发展的根本动力。深化农村改革，释放农业发展的制度红利，是实现农业高质量发展的必然要求。我们要通过推进土地制度改革、集体产权制度改革、农业经营制度改革等措施，打破了制约农业发展的体制机制障碍，激发了农村生产要素的活力。在实践中，我们要注重改革的系统性、整体性和协同性；通过顶层设计、试点先行、逐步推广等方式，稳妥、有序地推进各项改革措施。这些改革举措为农业高质量发展提供了有力的制度保障和政策支持。

五、强化党的领导与市场机制的有机结合

农业高质量发展需要充分发挥市场机制的作用。强化党的领导与市场机制的有机结合，是实现农业高质量发展的有效路径。我们要通过完善市场体系、规范市场秩序、优化市场环境等措施，为农业高质量发展提供了良好的市场条件。在实践中，我们要注重处理好政府与市场的关系，在充分发挥市场机制作用的同时，加强政府对农业的宏观调控和政策支持；通过制定和实施一系列农业政策，引导农业资源优化配置，推动农业结构调

整和产业升级。这些举措实现了党的领导与市场机制的有机结合，为农业高质量发展提供了有力保障。

第二节　坚持新发展理念

新发展理念是指导当代中国发展的核心理念，它强调创新、协调、绿色、开放、共享五大发展观念。在农业领域，坚持新发展理念对于推动农业高质量发展具有深远的意义。

一、坚持创新发展，激发农业高质量发展的动力

创新发展是引领农业高质量发展的第一动力。在农业生产、经营、管理等方面，都需要不断进行创新，以适应市场需求的变化和农业现代化的要求。通过科技创新，我们可以培育出更加优质、高产、抗病虫害的农作物品种，提高农业生产的效率和品质。通过经营模式创新，我们可以拓展农业产业链，增加农产品的附加值，提高农民的收入水平。通过管理创新，我们可以优化农业资源配置，提高农业生产的组织化程度和市场化水平。在实践中，我们要通过推广先进的农业技术和管理经验、培育新型农业经营主体、发展农业社会化服务等措施，激发农业创新发展的活力。这些创新举措不仅提高了农业生产的效率和品质，也带动了农村经济的持续发展。

二、坚持协调发展，优化农业高质量发展的结构

协调发展是农业高质量发展的内在要求。在农业发展中，我们需要注重各种生产要素的协调配合，实现农业生产、生态、生活的和谐共生。协调土地利用、水资源、劳动力等生产要素的关系，可以优化农业生产的结构，提高农业资源的利用效率。协调城乡发展关系，可以推动城乡一体化进程，缩小城乡发展差距。协调农业与其他产业的关系，可以促进农业与第二、第三产业的融合发展，形成产业协同发展的良好机制。在实践中，我们要通过推进农村土地承包经营权流转、发展农业适度规模经营、加强农业基础设施建设等措施，优化农业生产的结构；同时，要通过推进农村

三次产业融合发展，培育新产业、新业态等措施，推动了农业与第二、第三产业的融合发展。这些协调发展的举措不仅提高了农业生产的效益，也促进了农村经济的全面发展。

三、坚持绿色发展，保障农业高质量发展的可持续性

绿色发展是农业高质量发展的必要条件。在农业发展中，我们需要注重生态环境的保护和资源的节约利用，实现农业生产与生态环境的协调发展。通过推广绿色农业生产技术和管理模式，我们可以减少农业生产对环境的污染和破坏，提高农业生产的生态效益。通过发展循环农业、生态农业等新型农业形态，我们可以实现农业资源的循环利用和高效利用，提高农业生产的可持续性。在实践中，我们要通过推广测土配方施肥、病虫害绿色防控等技术和管理模式，减少农业生产对化肥、农药等化学品的依赖；同时，要通过发展畜禽养殖废弃物资源化利用、农作物秸秆综合利用等产业，实现农业废弃物的资源化利用。这些绿色发展的举措不仅保障了农业生产的可持续性，也提高了农业生产的生态效益。

四、坚持开放发展，拓展农业高质量发展的空间

开放发展是农业高质量发展的重要途径。在农业发展中，我们需要注重对外开放和对内开放相结合，充分利用国内国外两个市场、两种资源，拓展农业发展的空间。通过引进国外先进的农业技术和管理经验，我们可以提高我国农业生产的水平和效率。通过加强农产品国际贸易合作，我们可以扩大我国农产品的出口市场，提高我国农业的国际竞争力；同时，通过加强国内区域合作和产业协同，可以形成优势互补、协同发展的良好机制。在实践中，我们要通过加强农产品品牌建设、提高农产品质量安全水平等措施，增强农产品的市场竞争力；同时，通过加强农业国际合作和交流、引进国外智力等措施，拓展农业发展的国际视野和合作空间。这些开放发展的举措不仅提高了农业生产的效益，也促进了农业的国际化发展。

五、坚持共享发展，增进农业高质量发展的福祉

共享发展是农业高质量发展的根本目的。在农业发展中，我们需要注重保障农民群众的合法权益和增进农民群众的福祉，让农民群众共享农业

发展的成果。完善农村社会保障体系、提高农民收入水平等措施，可以改善农民群众的生活条件和生活质量。加强农村基础设施建设、提高农村公共服务水平等措施，可以提升农民群众的生产生活环境和幸福感。在实践中，我们要通过推进农村土地承包经营权确权登记颁证工作、加强农村集体资产管理等措施，保障农民群众的合法权益；同时，通过发展农村教育、医疗、文化等社会事业，提高农民群众的文化素质和健康水平。这些共享发展的举措不仅增进了农民群众的福祉，也促进了农村社会的和谐稳定。

第三节　坚持以人民为中心

农业作为国民经济的基础，其高质量发展直接关系到国家的繁荣稳定与人民的福祉。在推进农业高质量发展的进程中，坚持以人民为中心的发展思想，是确保农业发展成果惠及全体人民、实现共同富裕的关键。

一、坚持以人民为中心，确保农业发展的正确方向

农业高质量发展的根本目的是满足人民日益增长的美好生活需要。坚持以人民为中心，就是要把人民的利益放在首位，确保农业发展的正确方向。在制定农业政策、规划农业项目时，我们要充分考虑人民群众的需求和利益，确保农业发展符合人民群众的根本利益。在实践中，我们可以通过问卷调查、座谈会等方式，广泛征求人民群众的意见和建议，确保农业发展决策的科学性和民主性。同时，我们还要注重发挥人民群众的主体地位和作用，鼓励农民群众积极参与农业发展过程、共享农业发展成果。这些举措不仅确保了农业发展的正确方向，也增强了人民群众对农业发展的认同感和支持度。

二、坚持以人民为中心，提高农业生产的效益和质量

农业高质量发展的核心是提高农业生产的效益和质量。坚持以人民为中心，就是要从人民群众的需求出发，提高农业生产的效益和质量，满足人民群众对优质、安全、绿色农产品的需求。通过推广先进的农业技术和

管理经验，我们可以提高农业生产的科技含量和管理水平，实现农业生产的高产、优质、高效、生态、安全。在实践中，我们要注重加强农产品质量安全监管，完善农产品质量安全追溯体系，确保农产品从田间到餐桌的全程质量安全。同时，我们还要加强农业品牌建设，培育一批具有地域特色、市场竞争力强的农产品品牌，提高农产品的附加值和市场竞争力。这些举措不仅提高了农业生产的效益和质量，也保障了人民群众的饮食安全和健康。

三、坚持以人民为中心，促进农民收入持续增长

农业高质量发展的直接目标是促进农民收入持续增长。坚持以人民为中心，就是要把增加农民收入作为农业发展的出发点和落脚点，通过多种途径促进农民收入持续增长；通过深化农村改革，释放农村生产力，为农民增收创造更多机会；加强农村教育和职业培训，提高农民的文化素质和职业技能，增强农民的就业能力和致富本领。在实践中，我们可以通过发展农村特色产业、推进农村三次产业融合发展等措施，为农民提供更多的就业机会和创业机会；同时，加强农村社会保障体系建设，提高农村社会保障水平，为农民提供基本的生活保障和福利支持。这些举措不仅促进了农民收入的持续增长，也提高了农民的生活水平和幸福感。

四、坚持以人民为中心，加强农村基础设施建设

农业高质量发展的基础是加强农村基础设施建设。坚持以人民为中心，就是要从农民群众的生产生活需求出发，加强农村基础设施建设，改善农民群众的生产生活环境；通过加强农村道路、供水、供电、通信等基础设施建设，提高农村生产生活设施的便利性和舒适性；加强农村环境整治和生态保护，改善农村人居环境，提高农民群众的生活质量。在实践中，我们可以注重加强农村基础设施建设与农民群众需求的对接，确保基础设施建设符合农民群众的实际需求。同时，我们还要注重发挥农民群众的主体作用，鼓励农民群众积极参与农村基础设施的建设和管理。这些举措不仅加强了农村基础设施建设，也提高了农民群众的生产生活水平和幸福感。

五、坚持以人民为中心，推进农业农村现代化

农业高质量发展的最终目标是推进农业农村现代化。坚持以人民为中心，就是要把推进农业农村现代化作为农业发展的长期目标和战略任务，通过多种途径推动农业农村现代化进程；通过加强农业科技创新和推广应用，提高农业生产的科技含量和创新能力；加强农村教育和人才培养，提高农民的文化素质和科技素质，培养新型职业农民和现代农业经营者。在实践中，我们要注重加强农业科技创新体系建设，完善农业技术推广服务体系，加快农业科技成果转化和推广应用步伐。同时，我们还要加大农村教育和人才培养的投入力度，提高农村教育的质量和水平。这些举措不仅推动了农业农村现代化进程，也提高了农民群众的文化素质和科技素质。

第四节　坚持统筹兼顾

农业作为国民经济的基础产业，其高质量发展对于国家经济社会的持续健康发展具有重要意义。在推进农业高质量发展的过程中，坚持统筹兼顾是一项重要的原则和方法。

一、坚持统筹兼顾，实现农业与其他产业的协同发展

农业高质量发展不是孤立的，而是需要与其他产业协同发展。坚持统筹兼顾，就是要注重农业与其他产业之间的内在联系和相互依存关系，实现农业与其他产业的协同发展。通过加强农业与工业、服务业等产业的融合发展，我们可以延长农业产业链、提升农业价值链，实现农业的多功能性开发；同时，其他产业的发展也可以为农业提供先进的技术、装备和服务支持，推动农业现代化进程。在实践中，我们要注重加强农业与第二、第三产业的融合发展，形成"接二连三"的农业全产业链；通过发展农产品加工业、休闲农业、乡村旅游等产业，实现农业的多功能性开发，提高农业的综合效益；要注重引进和培育龙头企业，发挥其辐射带动作用，推动农业产业链的延伸和升级。这些举措不仅能够实现农业与其他产业的协同发展，也提升了农业在国民经济中的地位和作用。

二、坚持统筹兼顾，优化农业区域布局和结构调整

我国地域辽阔，不同地区的自然条件和资源禀赋存在较大差异。坚持统筹兼顾，就是要根据不同地区的实际情况，优化农业区域布局和结构调整，实现农业资源的优化配置和高效利用。通过科学规划农业区域布局，我们可以引导农业生产向优势区域集中，形成一批特色鲜明、竞争力强的农业产业带和产业集群；通过调整农业结构，我们可以优化农业生产结构、产品结构和品质结构，提高农业的整体素质和效益。在实践中，我们要注重加强农业区域规划和结构调整工作；要根据当地的资源条件和市场需求，科学地确定主导产业和特色产业，引导农民群众发展适销对路的农产品；要加强农业基础设施建设，改善农业生产条件，提高农业的综合生产能力。这些举措不仅可以优化农业区域布局和结构调整，也提高了农业生产的效益和质量。

三、坚持统筹兼顾，推进城乡一体化发展

城乡一体化发展是实现农业高质量发展的必然要求。坚持统筹兼顾，就是要把城市和乡村作为一个整体来谋划和发展，实现城乡之间的优势互补和协同发展。通过加强城乡规划、基础设施建设、公共服务等方面的统筹协调，我们可以推动城乡要素平等交换和公共资源均衡配置，缩小城乡发展差距；通过加强农村三次产业融合发展，我们可以推动农业产业链向城市延伸，实现城乡产业的融合发展。在实践中，我们要注重加强城乡一体化发展的规划与实施工作，通过推进城乡规划一体化、基础设施一体化、公共服务一体化等措施，实现城乡之间的协同发展。同时，我们还要注重发挥城市的辐射带动作用，推动城市资本、技术、人才等要素向农村流动，促进农村经济的发展和繁荣。这些举措不仅可以推进城乡一体化发展，也提升了农业高质量发展的整体水平。

四、坚持统筹兼顾，加强农业生态环境保护

农业生态环境保护是农业高质量发展的重要保障。坚持统筹兼顾，就是要把农业生态环境保护与农业生产发展相结合，实现农业生产与生态环境的协调发展。通过推广绿色农业生产技术和管理模式，我们可以减少农

业生产对环境的污染和破坏，提高农业生产的生态效益；同时，加强农业生态环境保护和修复工作，提升农业生态环境质量，提高农业生产的可持续性。在实践中，我们要注重加强农业生态环境保护工作，通过推广测土配方施肥、病虫害绿色防控等技术和管理模式，减少农业生产对化肥、农药等化学品的依赖；同时，还要加强农业生态环境监测与评估工作，及时发现并解决农业生态环境问题。这些举措不仅加强了农业生态环境保护，也提高了农业生产的可持续性。

五、坚持统筹兼顾，完善农业支持保护政策

农业支持保护政策是推动农业高质量发展的重要保障。坚持统筹兼顾，就是要完善农业支持保护政策体系，加大对农业的支持力度和保护力度。增加财政投入、加强金融支持、完善农业保险等措施，可以为农业发展提供资金保障和风险保障；同时，加强农业科技创新和人才培养工作，还可以为农业发展提供技术支撑和人才支持。在实践中，我们要注重完善农业支持保护政策体系，通过增加财政投入、优化财政支出结构等措施，加大对农业的支持力度；同时，还要加强金融创新与服务创新工作，为农业发展提供多样化的金融服务。这些举措不仅完善了农业支持保护政策体系，也推动了农业高质量发展的进程。

第五节　坚持因地制宜

农业作为国家的基础产业，其发展质量和效益直接关系到国家经济社会的持续健康发展。在推进农业高质量发展的进程中，坚持因地制宜是一项至关重要的原则。

一、坚持因地制宜，充分利用地域资源优势

我国地域辽阔，不同地区的自然条件和资源禀赋差异显著。坚持因地制宜，就是要根据不同地区的实际情况，充分利用地域资源优势，发展具有地方特色的农业产业。通过科学规划农业产业布局，引导农业生产向优势区域集中，可以形成一批特色鲜明、竞争力强的农业产业带和产业集

群。在实践中，我们要注重挖掘和利用当地的特色资源优势，发展特色农业产业。例如，利用当地独特的气候、土壤和水资源条件，发展特色水果、蔬菜、中药材等产业，形成具有地方特色的农业品牌。这些特色农业产业的发展不仅提高了农业生产的效益和质量，也带动了当地农村经济的发展和农民增收致富。

二、坚持因地制宜，推广适宜的农业技术和管理模式

农业技术和管理模式是农业生产的重要因素。坚持因地制宜，就是要根据不同地区的自然条件和农业生产特点，推广适宜的农业技术和管理模式。引进和培育适合当地生产的农业新品种、新技术和新装备，可以提高农业生产的科技含量和管理水平，实现农业生产的高产、优质、高效、生态、安全。在实践中，我们要注重加强农业科技创新与推广应用工作，通过加强与科研机构和高等院校的合作，引进和培育适合当地生产的农业新品种、新技术和新装备；同时，还要加强农业技术推广服务体系建设，完善农业技术推广服务机制，提高农业技术推广服务的覆盖面和有效性。这些举措不仅提高了农业生产的科技含量和管理水平，也推动了农业高质量发展的进程。

三、坚持因地制宜，推进农业绿色发展

农业绿色发展是农业高质量发展的重要方向。坚持因地制宜，就是要根据不同地区的生态环境状况和资源承载能力，推进农业绿色发展。推广绿色农业生产技术和管理模式，可以减少农业生产对环境的污染和破坏，提高农业生产的生态效益，同时，还要加强农业生态环境保护与修复工作，可以改善农业生态环境质量，提高农业生产的可持续性。在实践中，我们要注重加强农业绿色发展工作，通过推广测土配方施肥、病虫害绿色防控等技术与管理模式，减少农业生产对化肥、农药等化学品的依赖；同时，还要加强农业生态环境的监测与评估工作，及时发现并解决农业生态环境问题。这些举措不仅推进了农业绿色发展，也提高了农业生产的可持续性。

四、坚持因地制宜，推动农村三次产业融合发展

农村三次产业融合发展是实现农业高质量发展的重要途径。坚持因地

制宜，就是要根据不同地区的产业基础和市场需求，推动农村三次产业融合发展。发展农产品加工业、休闲农业、乡村旅游等产业，可以延长农业产业链、提升农业价值链，实现农业的多功能性开发；同时，加强农村基础设施建设，改善农村生产生活条件，还可以推动农村经济社会全面发展。在实践中，我们要注重加强农村三次产业融合发展工作，根据当地的资源条件和市场需求，科学地确定主导产业和特色产业，引导农民群众发展适销对路的农产品；同时，还要加强农产品加工园区建设，培育一批农产品加工龙头企业，推动农产品加工业集群集聚发展。这些举措不仅推动了农村三次产业融合发展，也提高了农业高质量发展的整体水平。

五、坚持因地制宜，完善农业支持保护政策

农业支持保护政策是推动农业高质量发展的重要保障。坚持因地制宜，就是要根据不同地区的实际情况和农业发展需要，完善农业支持保护政策。增加财政投入、加强金融支持、完善农业保险等措施，可以为农业发展提供资金保障和风险保障；同时，加强农业科技创新和人才培养工作，也可以为农业发展提供技术支撑和人才支持。在实践中，我们要注重完善农业支持保护政策体系，通过加大财政投入力度、优化财政支出结构等措施，加大对农业的支持力度；同时，还要加强金融创新与服务创新工作，为农业发展提供多样化的金融服务。这些举措不仅完善了农业支持保护政策体系，也推动了农业高质量发展的进程。

参考文献

白春礼, 2020. 科技创新引领黄河三角洲农业高质量发展 [J]. 中国科学
院院刊, 35 (2): 138-144.

曾宪禄, 2016. 习近平"三农"思想研究 [D]. 福州: 福建农林大学.

陈林, 2015. 习近平"三农"思想发展脉络 [J]. 人民论坛 (30): 16-19.

陈明星, 2020. "十四五"时期农业农村高质量发展的挑战及其应对 [J]. 中州
学刊 (4): 49-55.

董艳敏, 严奉宪, 2021. 中国农业高质量发展的时空特征与协调度 [J]. 浙江
农业学报, 33 (1): 170-182.

龚锐, 谢黎, 王亚飞, 2020. 农业高质量发展与新型城镇化的互动机理及
实证检验 [J]. 改革 (7): 145-159.

黄修杰, 蔡勋, 储霞玲, 等, 2020. 我国农业高质量发展评价指标体系构
建与评估 [J]. 中国农业资源与区划, 41 (4): 124-133.

冷功业, 杨建利, 邢娇阳, 等, 2021. 我国农业高质量发展的机遇、问题
及对策研究 [J]. 中国农业资源与区划, 42 (5): 1-11.

黎新伍, 徐书彬, 2020. 基于新发展理念的农业高质量发展水平测度及其
空间分布特征研究 [J]. 江西财经大学学报 (6): 78-94.

李佳隆, 2020. 习近平关于农业现代化的重要论述研究 [D]. 沈阳: 辽宁
大学.

潘盛洲, 2015. 习近平"三农"思想的三个方面 [J]. 人民论坛 (30):
42-43.

史益玮, 2022. 数字经济对我国农业高质量发展的影响研究 [D]. 西安:
西北大学.

位大雷，2019. 农业高质量发展视角下巴彦淖尔市三产融合研究［D］. 呼和浩特：内蒙古师范大学.

吴闯，2021. 湖南农业高质量发展评价及影响因素研究［D］. 湘潭：湖南科技大学.

翟坤周，侯守杰，2020. "十四五"时期我国城乡融合高质量发展的绿色框架、意蕴及推进方案［J］. 改革（11）：53-68.

张黎，2017. 习近平"强农惠农富农"战略发展思想研究［D］. 武汉：华中师范大学.

张默，孙科，2021. 农业高质量发展理论内涵、水平测度及评价研究［J］. 农业经济（5）：6-8.

章抒情. 习近平关于"三农"问题的重要论述研究［D］. 合肥：安徽医科大学.

郑洪霞，2020. 四川省农业高质量发展水平研究［D］. 成都：四川师范大学.

钟钰，2018. 向高质量发展阶段迈进的农业发展导向［J］. 中州学刊（5）：40-44.

附录 A 《农业农村部关于统筹利用撂荒地促进农业生产发展的指导意见》

各省、自治区、直辖市农业农村（农牧）厅（局、委），新疆生产建设兵团农业农村局：

耕地是农业发展之基、农民安身之本。党的十八大以来，耕地保护不断强化，高标准农田建设加快推进，粮食综合生产能力稳步提升，有力支撑了国家粮食安全和重要农产品有效供给。但受农业比较效益偏低、耕种条件差、农民外出务工等因素影响，一些地方出现了不同程度的耕地撂荒现象，导致土地资源浪费、耕地质量下降，给国家粮食安全和重要农产品有效供给带来一定影响。为贯彻落实《国务院办公厅关于坚决制止耕地"非农化"行为的通知》《国务院办公厅关于防止耕地"非粮化"稳定粮食生产的意见》，有效遏制耕地撂荒，充分挖掘保供潜力，现提出如下意见。

一、充分认识统筹利用撂荒地的重要性

我国粮食需求量"超大"，人均耕地占有量"超小"，这一国情决定了耕地保护极端重要。当前，我国仍处于工业化城镇化快速发展时期，保护耕地的压力越来越大，保障国家粮食安全的任务越来越艰巨。党中央、国务院高度重视耕地保护问题，提出要扎紧耕地保护的"篱笆"，守住 18 亿亩耕地红线。各级农业农村部门要充分认识遏制耕地撂荒的重要性和紧迫性，采取切实有效措施，把耕地资源用足用好。落实粮食安全党政同责要求，完善粮食安全省长责任制，推动将统筹利用撂荒地情况纳入考核指

标，层层压实责任，有效遏制耕地撂荒。加强耕地撂荒情况跟踪监测和督促检查，强化考核结果应用，对耕地撂荒问题仍然突出的地区进行通报约谈，与相关项目资金和支持政策相挂钩。推动地方出台绩效考核、与补贴挂钩等激励和约束政策，遏制耕地撂荒、鼓励复耕复种。

二、坚持分类指导，有序推进撂荒地利用

开展所辖区域耕地撂荒基本情况调查，逐村逐户摸清底数，建立信息台账，制定统筹利用撂荒地具体方案。对平原地区的撂荒地，要尽快复耕，优先用于粮食生产，扩大粮食播种面积。对丘陵地区的撂荒地，根据立地条件，宜粮则粮、宜特则特，发展粮食、特色水果、中药材、优质牧草等生产，增加多样化产品供给。对确不适宜耕种的撂荒地，可按有关政策规定和规划要求用于设施农业用地等。对季节性撂荒地，应种植绿肥等养地作物，提高耕地质量。

三、强化政策扶持，引导农民复耕撂荒地

比较效益偏低是耕地撂荒的重要原因。要发挥政策导向作用，支持农民复耕撂荒地。释放价格信号，落实好稻谷小麦最低收购价政策，提前启动收购、增设网点，避免农民卖粮难。健全补贴机制，完善玉米大豆生产者补贴、稻谷补贴，让农民种粮有账算、有钱赚。进一步提高耕地地力保护补贴的针对性和导向性，对长期撂荒停止发放补贴的，待复耕复种后重新纳入补贴范围。加大农业生产社会化服务项目种粮支持力度，对南方早稻主产区、丘陵地区撂荒地恢复粮食生产的给予补助。鼓励地方出台利用撂荒地种粮的支持政策，重点对家庭农场、农民合作社等新型农业经营主体流转撂荒地种粮的给予补助。完善保险政策，扩大三大粮食作物完全成本保险和收入保险试点、地方优势特色农产品保险以奖代补试点覆盖范围，降低农民生产经营风险。加大创业支持，对返乡留乡农民工利用撂荒地发展粮食规模经营和特色种养的，优先给予一次性创业补贴和信贷支持。

四、加快设施建设，改善撂荒地耕种条件

撂荒地多是丘陵山区坡地或细碎地块，设施条件较差。改善耕作条

件，具备条件的撂荒地可纳入高标准农田建设范围，加大投入力度，配套完善灌排水、输配电、田间道路、农田防护等基础设施，提升宜机作业水平。对因灾损毁的撂荒地，要尽快修复、恢复生产。提升耕地地力，耕地撂荒多年就会成为荒地，肥力变差、地力等级下降。要结合实施耕地保护与质量提升项目，采取增施有机肥、推广秸秆还田等措施，尽快恢复撂荒地肥力，提升产出水平。鼓励各地采取奖补措施，引导农民对撂荒地开展地力培肥。配套农机装备，加快适合丘陵山区农机装备研发制造，提高水稻机插等薄弱环节和丘陵山区特色农业生产急需的农机产品购置补贴标准，降低劳动强度和生产成本。

五、规范土地流转，促进撂荒地规模经营

对长期外出务工、家中无劳动力的农户，要引导流转土地经营权。完善农村土地流转服务，健全农村土地经营权流转市场和产权交易市场，鼓励农户按照依法、自愿、有偿的原则，采取出租（转包）、入股等方式流转土地经营权。加强农村土地承包经营纠纷调解仲裁，解决农户后顾之忧。探索土地承包权退出机制，对长期无力耕种或因举家外迁造成撂荒的农户，在充分尊重个人意愿和合理经济补偿基础上，鼓励自愿退出承包权。加强土地经营权流转管理，严格落实有关法律法规，土地经营权受让方要依法合理利用土地，不得闲置撂荒；指导流转双方将防止耕地撂荒要求纳入流转合同内容，强化约束监督。对撂荒连续两年以上的，承包方在合理期限内不解除土地经营权流转合同的，发包方有权要求终止土地经营权流转合同。

六、加强指导服务，提升农业社会化服务水平

遏制耕地撂荒，加强社会化服务是有效措施。培育社会化服务组织。引导各类相关财政补贴支持发展农业社会化服务组织，推广全程式、菜单式服务模式，为外出务工和无力耕种的农户提供全程托管服务。加强技术指导。一些返乡农民工对开展农业生产的技术不熟悉，加强技术指导非常重要。对撂荒地集中的区域，组织农技人员采取蹲点包村的方式，开展有针对性的技术指导服务。对一些农业生产技能弱的农户，开展"一对一"帮扶，让他们尽快熟悉技术、熟练运用技术，提高生产能力。

七、加大宣传引导，提高遏制耕地撂荒的自觉性

利用传统和新媒体，采取农民喜闻乐见的方式，宣传国家耕地保护法律法规和强农惠农富农政策，做到家喻户晓、人人皆知，让广大农民群众珍惜土地、用好耕地。引导将乡村治理与撂荒地利用结合起来，探索防止耕地撂荒的有效做法。总结遏制撂荒的经验做法，曝光耕地撂荒典型案例，营造全社会遏制耕地撂荒的浓厚氛围。

农业农村部

2021 年 1 月 20 日

附录 B 《中共中央 国务院关于全面推进乡村振兴加快农业农村现代化的意见》

（2021 年 1 月 4 日）

党的十九届五中全会审议通过的《中共中央关于制定国民经济和社会发展第十四个五年规划和二〇三五年远景目标的建议》，对新发展阶段优先发展农业农村、全面推进乡村振兴作出总体部署，为做好当前和今后一个时期"三农"工作指明了方向。

"十三五"时期，现代农业建设取得重大进展，乡村振兴实现良好开局。粮食年产量连续保持在 1.3 万亿斤以上，农民人均收入较 2010 年翻一番多。新时代脱贫攻坚目标任务如期完成，现行标准下农村贫困人口全部脱贫，贫困县全部摘帽，易地扶贫搬迁任务全面完成，消除了绝对贫困和区域性整体贫困，创造了人类减贫史上的奇迹。农村人居环境明显改善，农村改革向纵深推进，农村社会保持和谐稳定，农村即将同步实现全面建成小康社会目标。农业农村发展取得新的历史性成就，为党和国家战胜各种艰难险阻、稳定经济社会发展大局，发挥了"压舱石"作用。实践证明，以习近平同志为核心的党中央驰而不息重农强农的战略决策完全正确，党的"三农"政策得到亿万农民衷心拥护。

"十四五"时期，是乘势而上开启全面建设社会主义现代化国家新征程、向第二个百年奋斗目标进军的第一个五年。民族要复兴，乡村必振兴。全面建设社会主义现代化国家，实现中华民族伟大复兴，最艰巨最繁重的任务依然在农村，最广泛最深厚的基础依然在农村。解决好发展不平衡不充分问题，重点难点在"三农"，迫切需要补齐农业农村短板弱项，推动城乡协调发展；构建新发展格局，潜力后劲在"三农"，迫切需要扩大农村需求，畅通城乡经济循环；应对国内外各种风险挑战，基础支撑在"三农"，迫切需要稳住农业基本盘，守好"三农"基础。党中央认为，新发展阶段"三农"工作依然极端重要，须臾不可放松，务必抓紧抓实。要坚持把解决好"三农"问题作为全党工作重中之重，把全面推进乡村振兴作为实现中华民族伟大复兴的一项重大任务，举全党全社会之力加快农业农村现代化，让广大农民过上更加美好的生活。

一、总体要求

（一）指导思想。以习近平新时代中国特色社会主义思想为指导，全面贯彻党的十九大和十九届二中、三中、四中、五中全会精神，贯彻落实中央经济工作会议精神，统筹推进"五位一体"总体布局，协调推进"四个全面"战略布局，坚定不移贯彻新发展理念，坚持稳中求进工作总基调，坚持加强党对"三农"工作的全面领导，坚持农业农村优先发展，坚持农业现代化与农村现代化一体设计、一并推进，坚持创新驱动发展，以推动高质量发展为主题，统筹发展和安全，落实加快构建新发展格局要求，巩固和完善农村基本经营制度，深入推进农业供给侧结构性改革，把乡村建设摆在社会主义现代化建设的重要位置，全面推进乡村产业、人才、文化、生态、组织振兴，充分发挥农业产品供给、生态屏障、文化传承等功能，走中国特色社会主义乡村振兴道路，加快农业农村现代化，加快形成工农互促、城乡互补、协调发展、共同繁荣的新型工农城乡关系，促进农业高质高效、乡村宜居宜业、农民富裕富足，为全面建设社会主义现代化国家开好局、起好步提供有力支撑。

（二）目标任务。2021年，农业供给侧结构性改革深入推进，粮食播种面积保持稳定、产量达到1.3万亿斤以上，生猪产业平稳发展，农产品质量和食品安全水平进一步提高，农民收入增长继续快于城镇居民，脱贫攻坚成果持续巩固。农业农村现代化规划启动实施，脱贫攻坚政策体系和工作机制同乡村振兴有效衔接、平稳过渡，乡村建设行动全面启动，农村人居环境整治提升，农村改革重点任务深入推进，农村社会保持和谐稳定。

到 2025 年，农业农村现代化取得重要进展，农业基础设施现代化迈上新台阶，农村生活设施便利化初步实现，城乡基本公共服务均等化水平明显提高。农业基础更加稳固，粮食和重要农产品供应保障更加有力，农业生产结构和区域布局明显优化，农业质量效益和竞争力明显提升，现代乡村产业体系基本形成，有条件的地区率先基本实现农业现代化。脱贫攻坚成果巩固拓展，城乡居民收入差距持续缩小。农村生产生活方式绿色转型取得积极进展，化肥农药使用量持续减少，农村生态环境得到明显改善。乡村建设行动取得明显成效，乡村面貌发生显著变化，乡村发展活力充分激发，乡村文明程度得到新提升，农村发展安全保障更加有力，农民获得感、幸福感、安全感明显提高。

二、实现巩固拓展脱贫攻坚成果同乡村振兴有效衔接

（三）设立衔接过渡期。脱贫攻坚目标任务完成后，对摆脱贫困的县，从脱贫之日起设立 5 年过渡期，做到扶上马送一程。过渡期内保持现有主要帮扶政策总体稳定，并逐项分类优化调整，合理把握节奏、力度和时限，逐步实现由集中资源支持脱贫攻坚向全面推进乡村振兴平稳过渡，推动"三农"工作重心历史性转移。抓紧出台各项政策完善优化的具体实施办法，确保工作不留空档、政策不留空白。

（四）持续巩固拓展脱贫攻坚成果。健全防止返贫动态监测和帮扶机制，对易返贫致贫人口及时发现、及时帮扶，守住防止规模性返贫底线。以大中型集中安置区为重点，扎实做好易地搬迁后续帮扶工作，持续加大就业和产业扶持力度，继续完善安置区配套基础设施、产业园区配套设施、公共服务设施，切实提升社区治理能力。加强扶贫项目资产管理和监督。

（五）接续推进脱贫地区乡村振兴。实施脱贫地区特色种养业提升行动，广泛开展农产品产销对接活动，深化拓展消费帮扶。持续做好有组织劳务输出工作。统筹用好公益岗位，对符合条件的就业困难人员进行就业援助。在农业农村基础设施建设领域推广以工代赈方式，吸纳更多脱贫人口和低收入人口就地就近就业。在脱贫地区重点建设一批区域性和跨区域重大基础设施工程。加大对脱贫县乡村振兴支持力度。在西部地区脱贫县中确定一批国家乡村振兴重点帮扶县集中支持。支持各地自主选择部分脱贫县作为乡村振兴重点帮扶县。坚持和完善东西部协作和对口支援、社会力量参与帮扶等机制。

（六）加强农村低收入人口常态化帮扶。开展农村低收入人口动态监测，实行分层分类帮扶。对有劳动能力的农村低收入人口，坚持开发式帮扶，帮助其提高内生发展能力，发展产业、参与就业，依靠双手勤劳致富。对脱贫人口中丧失劳动能力且无法通过产业就业获得稳定收入的人口，以现有社会保障体系为基础，按规定纳入农村低保或特困人员救助供养范围，并按困难类型及时给予专项救助、临时救助。

三、加快推进农业现代化

（七）提升粮食和重要农产品供给保障能力。地方各级党委和政府要切实扛起粮食安全政治责任，实行粮食安全党政同责。深入实施重要农产品保障战略，完善粮食安全省长责任制和"菜篮子"市长负责制，确保粮、棉、油、糖、肉等供给安全。"十四五"时期各省（自治区、直辖市）要稳定粮食播种面积、提高单产水平。加强粮食生产功能区和重要农产品生产保护区建设。建设国家粮食安全产业带。稳定种粮农民补贴，让种粮有合理收益。坚持并完善稻谷、小麦最低收购价政策，完善玉米、大豆生产者补贴政策。深入推进农业结构调整，推动品种培优、品质提升、品牌打造和标准化生产。鼓励发展青贮玉米等优质饲草饲料，稳定大豆生产，多措并举发展油菜、花生等油料作物。健全产粮大县支持政策体系。扩大稻谷、小麦、玉米三大粮食作物完全成本保险和收入保险试点范围，支持有条件的省份降低产粮大县三大粮食作物农业保险保费县级补贴比例。深入推进优质粮食工程。加快构建现代养殖体系，保护生猪基础产能，健全生猪产业平稳有序发展长效机制，积极发展牛羊产业，继续实施奶业振兴行动，推进水产绿色健康养殖。推进渔港建设和管理改革。促进木本粮油和林下经济发展。优化农产品贸易布局，实施农产品进口多元化战略，支持企业融入全球农产品供应链。保持打击重点农产品走私高压态势。加强口岸检疫和外来入侵物种防控。开展粮食节约行动，减少生产、流通、加工、存储、消费环节粮食损耗浪费。

（八）打好种业翻身仗。农业现代化，种子是基础。加强农业种质资源保护开发利用，加快第三次农作物种质资源、畜禽种质资源调查收集，加强国家作物、畜禽和海洋渔业生物种质资源库建设。对育种基础性研究以及重点育种项目给予长期稳定支持。加快实施农业生物育种重大科技项目。深入实施农作物和畜禽良种联合攻关。实施新一轮畜禽遗传改良计划和现代种业提升工程。尊重科学、严格监管，有序推进生物育种产业化应用。加强育种领域知识产权保护。支持种业龙头企业建立健全商业化育种体系，加快建设南繁硅谷，加强制种基地和良种繁育体系建设，研究重大品种研发与推广后补助政策，促进育繁推一体化发展。

（九）坚决守住 18 亿亩耕地红线。统筹布局生态、农业、城镇等功能空间，科学划定各类空间管控边界，严格实行土地用途管制。采取"长牙齿"的措施，落实最严格的耕地保护制度。严禁违规占用耕地和违背自然规律绿化造林、挖湖造景，严格控制非农建设占用耕地，深入推进农村乱占耕地建房专项整治行动，坚决遏制耕地"非农化"、防止"非粮化"。明确耕地利用优先序，永久基本农田重点用于粮食特别是口粮生产，一般耕地主要用于粮食和棉、油、糖、蔬菜等农产品及饲草饲料生产。明确耕地和永久基本农田不同的管制目标和管制强度，严格控制耕地转为林地、园地等其他类型农用地，强化土地流转用途监管，确保耕地数量不减少、质量有提高。实施新一轮高标准农田建设规划，提高建设标准和质量，健全管护机制，多渠道筹集建设资金，中央和地方共同加大粮食主产区高标准农田建设投入，2021 年建设 1 亿亩旱涝保收、高产稳产高标准农田。在高标准农田建设中增加的耕地作为占补平衡补充耕地指标在省域内调剂，所得收益用于高标准农田建设。加强和改进建设占用耕地占补平衡管理，严格新增耕地核实认定和监管。健全耕地数量和质量监测监管机制，加强耕地保护督察和执法监督，开展"十三五"时期省级政府耕地保护责任目标考核。

（十）强化现代农业科技和物质装备支撑。实施大中型灌区续建配套和现代化改造。到 2025 年全部完成现有病险水库除险加固。坚持农业科技自立自强，完善农业科技领域基础研究稳定支持机制，深化体制改革，布局建设一批创新基地平台。深入开展乡村振兴科技支撑行动。支持高校为乡村振兴提供智力服务。加强农业科技社会化服务体系建设，深入推行科技特派员制度。打造国家热带农业科学中心。提高农机装备自主研制能力，支持高端智能、丘陵山区农机装备研发制造，加大购置补贴力度，开展农机作业补贴。强化动物防疫和农作物病虫害防治体系建设，提升防控能力。

（十一）构建现代乡村产业体系。依托乡村特色优势资源，打造农业全产业链，把产业链主体留在县城，让农民更多分享产业增值收益。加快健全现代农业全产业链标准体系，推动新型农业经营主体按标生产，培育农业龙头企业标准"领跑者"。立足县域布局特色农产品产地初加工和精深加工，建设现代农业产业园、农业产业强镇、优势特色产业集群。推进公益性农产品市场和农产品流通骨干网络建设。开发休闲农业和乡村旅游精品线路，完善配套设施。推进农村一二三产业融合发展示范园和科技示范园区建设。把农业现代化示范区作为推进农业现代化的重要抓手，围绕提高农业产业体系、生产体系、经营体系现代化水平，建立指标体系，加强资源整合、政策集成，以县（市、区）为单位开展创建，到2025年创建500个左右示范区，形成梯次推进农业现代化的格局。创建现代林业产业示范区。组织开展"万企兴万村"行动。稳步推进反映全产业链价值的农业及相关产业统计核算。

（十二）推进农业绿色发展。实施国家黑土地保护工程，推广保护性耕作模式。健全耕地休耕轮作制度。持续推进化肥农药减量增效，推广农作物病虫害绿色防控产品和技术。加强畜禽粪污资源化利用。全面实施秸秆综合利用和农膜、农药包装物回收行动，加强可降解农膜研发推广。在长江经济带、黄河流域建设一批农业面源污染综合治理示范县。支持国家农业绿色发展先行区建设。加强农产品质量和食品安全监管，发展绿色农产品、有机农产品和地理标志农产品，试行食用农产品达标合格证制度，推进国家农产品质量安全县创建。加强水生生物资源养护，推进以长江为重点的渔政执法能力建设，确保十年禁渔令有效落实，做好退捕渔民安置保障工作。发展节水农业和旱作农业。推进荒漠化、石漠化、坡耕地水土流失综合治理和土壤污染防治、重点区域地下水保护与超采治理。实施水系连通及农村水系综合整治，强化河湖长制。巩固退耕还林还草成果，完善政策、有序推进。实行林长制。科学开展大规模国土绿化行动。完善草原生态保护补助奖励政策，全面推进草原禁牧轮牧休牧，加强草原鼠害防治，稳步恢复草原生态环境。

（十三）推进现代农业经营体系建设。突出抓好家庭农场和农民合作社两类经营主体，鼓励发展多种形式适度规模经营。实施家庭农场培育计划，把农业规模经营户培育成有活力的家庭农场。推进农民合作社质量提升，加大对运行规范的农民合作社扶持力度。发展壮大农业专业化社会化服务组织，将先进适用的品种、投入品、技术、装备导入小农户。支持市场主体建设区域性农业全产业链综合服务中心。支持农业产业化龙头企业创新发展、做大做强。深化供销合作社综合改革，开展生产、供销、信用"三位一体"综合合作试点，健全服务农民生产生活综合平台。培育高素质农民，组织参加技能评价、学历教育，设立专门面向农民的技能大赛。吸引城市各方面人才到农村创业创新，参与乡村振兴和现代农业建设。

四、大力实施乡村建设行动

（十四）加快推进村庄规划工作。2021 年基本完成县级国土空间规划编制，明确村庄布局分类。积极有序推进"多规合一"实用性村庄规划编制，对有条件、有需求的村庄尽快实现村庄规划全覆盖。对暂时没有编制规划的村庄，严格按照县乡两级国土空间规划中确定的用途管制和建设管理要求进行建设。编制村庄规划要立足现有基础，保留乡村特色风貌，不搞大拆大建。按照规划有序开展各项建设，严肃查处违规乱建行为。健全农房建设质量安全法律法规和监管体制，3 年内完成安全隐患排查整治。完善建设标准和规范，提高农房设计水平和建设质量。继续实施农村危房改造和地震高烈度设防地区农房抗震改造。加强村庄风貌引导，保护传统村落、传统民居和历史文化名村名镇。加大农村地区文化遗产遗迹保护力度。乡村建设是为农民而建，要因地制宜、稳扎稳打，不刮风搞运动。严格规范村庄撤并，不得违背农民意愿、强迫农民上楼，把好事办好、把实事办实。

（十五）加强乡村公共基础设施建设。继续把公共基础设施建设的重点放在农村，着力推进往村覆盖、往户延伸。实施农村道路畅通工程。有序实施较大人口规模自然村（组）通硬化路。加强农村资源路、产业路、旅游路和村内主干道建设。推进农村公路建设项目更多向进村入户倾斜。继续通过中央车购税补助地方资金、成品油税费改革转移支付、地方政府债券等渠道，按规定支持农村道路发展。继续开展"四好农村路"示范创建。全面实施路长制。开展城乡交通一体化示范创建工作。加强农村道路桥梁安全隐患排查，落实管养主体责任。强化农村道路交通安全监管。实施农村供水保障工程。加强中小型水库等稳定水源工程建设和水源保护，实施规模化供水工程建设和小型工程标准化改造，有条件的地区推进城乡供水一体化，到2025年农村自来水普及率达到88%。完善农村水价水费形成机制和工程长效运营机制。实施乡村清洁能源建设工程。加大农村电网建设力度，全面巩固提升农村电力保障水平。推进燃气下乡，支持建设安全可靠的乡村储气罐站和微管网供气系统。发展农村生物质能源。加强煤炭清洁化利用。实施数字乡村建设发展工程。推动农村千兆光网、第五代移动通信（5G）、移动物联网与城市同步规划建设。完善电信普遍服务补偿机制，支持农村及偏远地区信息通信基础设施建设。加快建设农业农村遥感卫星等天基设施。发展智慧农业，建立农业农村大数据体系，推动新一代信息技术与农业生产经营深度融合。完善农业气象综合监测网络，提升农业气象灾害防范能力。加强乡村公共服务、社会治理等数字化智能化建设。实施村级综合服务设施提升工程。加强村级客运站点、文化体育、公共照明等服务设施建设。

（十六）实施农村人居环境整治提升五年行动。分类有序推进农村厕所革命，加快研发干旱、寒冷地区卫生厕所适用技术和产品，加强中西部地区农村户用厕所改造。统筹农村改厕和污水、黑臭水体治理，因地制宜建设污水处理设施。健全农村生活垃圾收运处置体系，推进源头分类减量、资源化处理利用，建设一批有机废弃物综合处置利用设施。健全农村人居环境设施管护机制。有条件的地区推广城乡环卫一体化第三方治理。深入推进村庄清洁和绿化行动。开展美丽宜居村庄和美丽庭院示范创建活动。

（十七）提升农村基本公共服务水平。建立城乡公共资源均衡配置机制，强化农村基本公共服务供给县乡村统筹，逐步实现标准统一、制度并轨。提高农村教育质量，多渠道增加农村普惠性学前教育资源供给，继续改善乡镇寄宿制学校办学条件，保留并办好必要的乡村小规模学校，在县城和中心镇新建改扩建一批高中和中等职业学校。完善农村特殊教育保障机制。推进县域内义务教育学校校长教师交流轮岗，支持建设城乡学校共同体。面向农民就业创业需求，发展职业技术教育与技能培训，建设一批产教融合基地。开展耕读教育。加快发展面向乡村的网络教育。加大涉农高校、涉农职业院校、涉农学科专业建设力度。全面推进健康乡村建设，提升村卫生室标准化建设和健康管理水平，推动乡村医生向执业（助理）医师转变，采取派驻、巡诊等方式提高基层卫生服务水平。提升乡镇卫生院医疗服务能力，选建一批中心卫生院。加强县级医院建设，持续提升县级疾控机构应对重大疫情及突发公共卫生事件能力。加强县域紧密型医共体建设，实行医保总额预算管理。加强妇幼、老年人、残疾人等重点人群健康服务。健全统筹城乡的就业政策和服务体系，推动公共就业服务机构向乡村延伸。深入实施新生代农民工职业技能提升计划。完善统一的城乡居民基本医疗保险制度，合理提高政府补助标准和个人缴费标准，健全重大疾病医疗保险和救助制度。落实城乡居民基本养老保险待遇确定和正常调整机制。推进城乡低保制度统筹发展，逐步提高特困人员供养服务质量。加强对农村留守儿童和妇女、老年人以及困境儿童的关爱服务。健全县乡村衔接的三级养老服务网络，推动村级幸福院、日间照料中心等养老服务设施建设，发展农村普惠型养老服务和互助性养老。推进农村公益性殡葬设施建设。推进城乡公共文化服务体系一体建设，创新实施文化惠民工程。

（十八）全面促进农村消费。加快完善县乡村三级农村物流体系，改造提升农村寄递物流基础设施，深入推进电子商务进农村和农产品出村进城，推动城乡生产与消费有效对接。促进农村居民耐用消费品更新换代。加快实施农产品仓储保鲜冷链物流设施建设工程，推进田头小型仓储保鲜冷链设施、产地低温直销配送中心、国家骨干冷链物流基地建设。完善农村生活性服务业支持政策，发展线上线下相结合的服务网点，推动便利化、精细化、品质化发展，满足农村居民消费升级需要，吸引城市居民下乡消费。

（十九）加快县域内城乡融合发展。推进以人为核心的新型城镇化，促进大中小城市和小城镇协调发展。把县域作为城乡融合发展的重要切入点，强化统筹谋划和顶层设计，破除城乡分割的体制弊端，加快打通城乡要素平等交换、双向流动的制度性通道。统筹县域产业、基础设施、公共服务、基本农田、生态保护、城镇开发、村落分布等空间布局，强化县城综合服务能力，把乡镇建设成为服务农民的区域中心，实现县乡村功能衔接互补。壮大县域经济，承接适宜产业转移，培育支柱产业。加快小城镇发展，完善基础设施和公共服务，发挥小城镇连接城市、服务乡村作用。推进以县城为重要载体的城镇化建设，有条件的地区按照小城市标准建设县城。积极推进扩权强镇，规划建设一批重点镇。开展乡村全域土地综合整治试点。推动在县域就业的农民工就地市民化，增加适应进城农民刚性需求的住房供给。鼓励地方建设返乡入乡创业园和孵化实训基地。

（二十）强化农业农村优先发展投入保障。继续把农业农村作为一般公共预算优先保障领域。中央预算内投资进一步向农业农村倾斜。制定落实提高土地出让收益用于农业农村比例考核办法，确保按规定提高用于农业农村的比例。各地区各部门要进一步完善涉农资金统筹整合长效机制。支持地方政府发行一般债券和专项债券用于现代农业设施建设和乡村建设行动，制定出台操作指引，做好高质量项目储备工作。发挥财政投入引领作用，支持以市场化方式设立乡村振兴基金，撬动金融资本、社会力量参与，重点支持乡村产业发展。坚持为农服务宗旨，持续深化农村金融改革。运用支农支小再贷款、再贴现等政策工具，实施最优惠的存款准备金率，加大对机构法人在县域、业务在县域的金融机构的支持力度，推动农村金融机构回归本源。鼓励银行业金融机构建立服务乡村振兴的内设机构。明确地方政府监管和风险处置责任，稳妥规范开展农民合作社内部信用合作试点。保持农村信用合作社等县域农村金融机构法人地位和数量总体稳定，做好监督管理、风险化解、深化改革工作。完善涉农金融机构治理结构和内控机制，强化金融监管部门的监管责任。支持市县构建域内共享的涉农信用信息数据库，用3年时间基本建成比较完善的新型农业经营主体信用体系。发展农村数字普惠金融。大力开展农户小额信用贷款、保单质押贷款、农机具和大棚设施抵押贷款业务。鼓励开发专属金融产品支持新型农业经营主体和农村新产业新业态，增加首贷、信用贷。加大对农业农村基础设施投融资的中长期信贷支持。加强对农业信贷担保放大倍数的量化考核，提高农业信贷担保规模。将地方优势特色农产品保险以奖代补做法逐步扩大到全国。健全农业再保险制度。发挥"保险+期货"在服务乡村产业发展中的作用。

（二十一）深入推进农村改革。完善农村产权制度和要素市场化配置机制，充分激发农村发展内生动力。坚持农村土地农民集体所有制不动摇，坚持家庭承包经营基础性地位不动摇，有序开展第二轮土地承包到期后再延长 30 年试点，保持农村土地承包关系稳定并长久不变，健全土地经营权流转服务体系。积极探索实施农村集体经营性建设用地入市制度。完善盘活农村存量建设用地政策，实行负面清单管理，优先保障乡村产业发展、乡村建设用地。根据乡村休闲观光等产业分散布局的实际需要，探索灵活多样的供地新方式。加强宅基地管理，稳慎推进农村宅基地制度改革试点，探索宅基地所有权、资格权、使用权分置有效实现形式。规范开展房地一体宅基地日常登记颁证工作。规范开展城乡建设用地增减挂钩，完善审批实施程序、节余指标调剂及收益分配机制。2021 年基本完成农村集体产权制度改革阶段性任务，发展壮大新型农村集体经济。保障进城落户农民土地承包权、宅基地使用权、集体收益分配权，研究制定依法自愿有偿转让的具体办法。加强农村产权流转交易和管理信息网络平台建设，提供综合性交易服务。加快农业综合行政执法信息化建设。深入推进农业水价综合改革。继续深化农村集体林权制度改革。

五、加强党对"三农"工作的全面领导

（二十二）强化五级书记抓乡村振兴的工作机制。全面推进乡村振兴的深度、广度、难度都不亚于脱贫攻坚，必须采取更有力的举措，汇聚更强大的力量。要深入贯彻落实《中国共产党农村工作条例》，健全中央统筹、省负总责、市县乡抓落实的农村工作领导体制，将脱贫攻坚工作中形成的组织推动、要素保障、政策支持、协作帮扶、考核督导等工作机制，根据实际需要运用到推进乡村振兴，建立健全上下贯通、精准施策、一抓到底的乡村振兴工作体系。省、市、县级党委要定期研究乡村振兴工作。县委书记应当把主要精力放在"三农"工作上。建立乡村振兴联系点制度，省、市、县级党委和政府负责同志都要确定联系点。开展县乡村三级党组织书记乡村振兴轮训。加强党对乡村人才工作的领导，将乡村人才振兴纳入党委人才工作总体部署，健全适合乡村特点的人才培养机制，强化人才服务乡村激励约束。加快建设政治过硬、本领过硬、作风过硬的乡村振兴干部队伍，选派优秀干部到乡村振兴一线岗位，把乡村振兴作为培养锻炼干部的广阔舞台，对在艰苦地区、关键岗位工作表现突出的干部优先重用。

（二十三）加强党委农村工作领导小组和工作机构建设。充分发挥各

级党委农村工作领导小组牵头抓总、统筹协调作用，成员单位出台重要涉农政策要征求党委农村工作领导小组意见并进行备案。各地要围绕"五大振兴"目标任务，设立由党委和政府负责同志领导的专项小组或工作专班，建立落实台账，压实工作责任。强化党委农村工作领导小组办公室决策参谋、统筹协调、政策指导、推动落实、督促检查等职能，每年分解"三农"工作重点任务，落实到各责任部门，定期调度工作进展。加强党委农村工作领导小组办公室机构设置和人员配置。

（二十四）加强党的农村基层组织建设和乡村治理。充分发挥农村基层党组织领导作用，持续抓党建促乡村振兴。有序开展乡镇、村集中换届，选优配强乡镇领导班子、村"两委"成员特别是村党组织书记。在有条件的地方积极推行村党组织书记通过法定程序担任村民委员会主任，因地制宜、不搞"一刀切"。与换届同步选优配强村务监督委员会成员，基层纪检监察组织加强与村务监督委员会的沟通协作、有效衔接。坚决惩治侵害农民利益的腐败行为。坚持和完善向重点乡村选派驻村第一书记和工作队制度。加大在优秀农村青年中发展党员力度，加强对农村基层干部激励关怀，提高工资补助待遇，改善工作生活条件，切实帮助解决实际困难。推进村委会规范化建设和村务公开"阳光工程"。开展乡村治理试点示范创建工作。创建民主法治示范村，培育农村学法用法示范户。加强乡村人民调解组织队伍建设，推动就地化解矛盾纠纷。深入推进平安乡村建设。建立健全农村地区扫黑除恶常态化机制。加强县乡村应急管理和消防安全体系建设，做好对自然灾害、公共卫生、安全隐患等重大事件的风险评估、监测预警、应急处置。

（二十五）加强新时代农村精神文明建设。弘扬和践行社会主义核心价值观，以农民群众喜闻乐见的方式，深入开展习近平新时代中国特色社会主义思想学习教育。拓展新时代文明实践中心建设，深化群众性精神文明创建活动。建强用好县级融媒体中心。在乡村深入开展"听党话、感党恩、跟党走"宣讲活动。深入挖掘、继承创新优秀传统乡土文化，把保护传承和开发利用结合起来，赋予中华农耕文明新的时代内涵。持续推进农村移风易俗，推广积分制、道德评议会、红白理事会等做法，加大高价彩礼、人情攀比、厚葬薄养、铺张浪费、封建迷信等不良风气治理，推动形成文明乡风、良好家风、淳朴民风。加大对农村非法宗教活动和境外渗透活动的打击力度，依法制止利用宗教干预农村公共事务。办好中国农民丰收节。

（二十六）健全乡村振兴考核落实机制。各省（自治区、直辖市）党委和政府每年向党中央、国务院报告实施乡村振兴战略进展情况。对市县党政领导班子和领导干部开展乡村振兴实绩考核，纳入党政领导班子和领导干部综合考核评价内容，加强考核结果应用，注重提拔使用乡村振兴实绩突出的市县党政领导干部。对考核排名落后、履职不力的市县党委和政府主要负责同志进行约谈，建立常态化约谈机制。将巩固拓展脱贫攻坚成果纳入乡村振兴考核。强化乡村振兴督查，创新完善督查方式，及时发现和解决存在的问题，推动政策举措落实落地。持续纠治形式主义、官僚主义，将减轻村级组织不合理负担纳入中央基层减负督查重点内容。坚持实事求是、依法行政，把握好农村各项工作的时度效。加强乡村振兴宣传工作，在全社会营造共同推进乡村振兴的浓厚氛围。

让我们紧密团结在以习近平同志为核心的党中央周围，开拓进取，真抓实干，全面推进乡村振兴，加快农业农村现代化，努力开创"三农"工作新局面，为全面建设社会主义现代化国家、实现第二个百年奋斗目标作出新的贡献！

附录 C 《中共中央 国务院关于做好2023 年全面推进乡村振兴重点工作的意见》

（2023 年 1 月 2 日）

党的二十大擘画了以中国式现代化全面推进中华民族伟大复兴的宏伟蓝图。全面建设社会主义现代化国家，最艰巨最繁重的任务仍然在农村。世界百年未有之大变局加速演进，我国发展进入战略机遇和风险挑战并存、不确定难预料因素增多的时期，守好"三农"基本盘至关重要、不容有失。党中央认为，必须坚持不懈把解决好"三农"问题作为全党工作重中之重，举全党全社会之力全面推进乡村振兴，加快农业农村现代化。强国必先强农，农强方能国强。要立足国情农情，体现中国特色，建设供给保障强、科技装备强、经营体系强、产业韧性强、竞争能力强的农业强国。

做好 2023 年和今后一个时期"三农"工作，要坚持以习近平新时代中国特色社会主义思想为指导，全面贯彻落实党的二十大精神，深入贯彻落实习近平总书记关于"三农"工作的重要论述，坚持和加强党对"三农"工作的全面领导，坚持农业农村优先发展，坚持城乡融合发展，强化科技创新和制度创新，坚决守牢确保粮食安全、防止规模性返贫等底线，扎实推进乡村发展、乡村建设、乡村治理等重点工作，加快建设农业强国，建设宜居宜业和美乡村，为全面建设社会主义现代化国家开好局起好步打下坚实基础。

一、抓紧抓好粮食和重要农产品稳产保供

（一）全力抓好粮食生产。确保全国粮食产量保持在 1.3 万亿斤以上，各省（自治区、直辖市）都要稳住面积、主攻单产、力争多增产。全方位夯实粮食安全根基，强化藏粮于地、藏粮于技的物质基础，健全农民种粮挣钱得利、地方抓粮担责尽义的机制保障。实施新一轮千亿斤粮食产能提升行动。开展吨粮田创建。推动南方省份发展多熟制粮食生产，鼓励有条件的地方发展再生稻。支持开展小麦"一喷三防"。实施玉米单产提升工程。继续提高小麦最低收购价，合理确定稻谷最低收购价，稳定稻谷补贴，完善农资保供稳价应对机制。健全主产区利益补偿机制，增加产粮大县奖励资金规模。逐步扩大稻谷小麦玉米完全成本保险和种植收入保险实施范围。实施好优质粮食工程。鼓励发展粮食订单生产，实现优质优价。严防"割青毁粮"。严格省级党委和政府耕地保护和粮食安全责任制考核。推动出台粮食安全保障法。

（二）加力扩种大豆油料。深入推进大豆和油料产能提升工程。扎实推进大豆玉米带状复合种植，支持东北、黄淮海地区开展粮豆轮作，稳步开发利用盐碱地种植大豆。完善玉米大豆生产者补贴，实施好大豆完全成本保险和种植收入保险试点。统筹油菜综合性扶持措施，推行稻油轮作，大力开发利用冬闲田种植油菜。支持木本油料发展，实施加快油茶产业发展三年行动，落实油茶扩种和低产低效林改造任务。深入实施饲用豆粕减量替代行动。

（三）发展现代设施农业。实施设施农业现代化提升行动。加快发展水稻集中育秧中心和蔬菜集约化育苗中心。加快粮食烘干、农产品产地冷藏、冷链物流设施建设。集中连片推进老旧蔬菜设施改造提升。推进畜禽规模化养殖场和水产养殖池塘改造升级。在保护生态和不增加用水总量前提下，探索科学利用戈壁、沙漠等发展设施农业。鼓励地方对设施农业建设给予信贷贴息。

（四）构建多元化食物供给体系。树立大食物观，加快构建粮经饲统筹、农林牧渔结合、植物动物微生物并举的多元化食物供给体系，分领域制定实施方案。建设优质节水高产稳产饲草料生产基地，加快苜蓿等草产业发展。大力发展青贮饲料，加快推进秸秆养畜。发展林下种养。深入推

进草原畜牧业转型升级，合理利用草地资源，推进划区轮牧。科学划定限养区，发展大水面生态渔业。建设现代海洋牧场，发展深水网箱、养殖工船等深远海养殖。培育壮大食用菌和藻类产业。加大食品安全、农产品质量安全监管力度，健全追溯管理制度。

（五）统筹做好粮食和重要农产品调控。加强粮食应急保障能力建设。强化储备和购销领域监管。落实生猪稳产保供省负总责，强化以能繁母猪为主的生猪产能调控。严格"菜篮子"市长负责制考核。完善棉花目标价格政策。继续实施糖料蔗良种良法技术推广补助政策。完善天然橡胶扶持政策。加强化肥等农资生产、储运调控。发挥农产品国际贸易作用，深入实施农产品进口多元化战略。深入开展粮食节约行动，推进全链条节约减损，健全常态化、长效化工作机制。提倡健康饮食。

二、加强农业基础设施建设

（六）加强耕地保护和用途管控。严格耕地占补平衡管理，实行部门联合开展补充耕地验收评定和"市县审核、省级复核、社会监督"机制，确保补充的耕地数量相等、质量相当、产能不降。严格控制耕地转为其他农用地。探索建立耕地种植用途管控机制，明确利用优先序，加强动态监测，有序开展试点。加大撂荒耕地利用力度。做好第三次全国土壤普查工作。

（七）加强高标准农田建设。完成高标准农田新建和改造提升年度任务，重点补上土壤改良、农田灌排设施等短板，统筹推进高效节水灌溉，健全长效管护机制。制定逐步把永久基本农田全部建成高标准农田的实施方案。加强黑土地保护和坡耕地综合治理。严厉打击盗挖黑土、电捕蚯蚓等破坏土壤行为。强化干旱半干旱耕地、红黄壤耕地产能提升技术攻关，持续推动由主要治理盐碱地适应作物向更多选育耐盐碱植物适应盐碱地转变，做好盐碱地等耕地后备资源综合开发利用试点。

（八）加强水利基础设施建设。扎实推进重大水利工程建设，加快构建国家水网骨干网络。加快大中型灌区建设和现代化改造。实施一批中小型水库及引调水、抗旱备用水源等工程建设。加强田间地头渠系与灌区骨干工程连接等农田水利设施建设。支持重点区域开展地下水超采综合治理，推进黄河流域农业深度节水控水。在干旱半干旱地区发展高效节水旱作农业。强化蓄滞洪区建设管理、中小河流治理、山洪灾害防治，加快实施中小水库除险加固和小型水库安全监测。深入推进农业水价综合改革。

（九）强化农业防灾减灾能力建设。研究开展新一轮农业气候资源普查和农业气候区划工作。优化完善农业气象观测设施站网布局，分区域、分灾种发布农业气象灾害信息。加强旱涝灾害防御体系建设和农业生产防灾救灾保障。健全基层动植物疫病虫害监测预警网络。抓好非洲猪瘟等重大动物疫病常态化防控和重点人兽共患病源头防控。提升重点区域森林草原火灾综合防控水平。

三、强化农业科技和装备支撑

（十）推动农业关键核心技术攻关。坚持产业需求导向，构建梯次分明、分工协作、适度竞争的农业科技创新体系，加快前沿技术突破。支持农业领域国家实验室、全国重点实验室、制造业创新中心等平台建设，加强农业基础性长期性观测实验站（点）建设。完善农业科技领域基础研究稳定支持机制。

（十一）深入实施种业振兴行动。完成全国农业种质资源普查。构建开放协作、共享应用的种质资源精准鉴定评价机制。全面实施生物育种重大项目，扎实推进国家育种联合攻关和畜禽遗传改良计划，加快培育高产高油大豆、短生育期油菜、耐盐碱作物等新品种。加快玉米大豆生物育种产业化步伐，有序扩大试点范围，规范种植管理。

（十二）加快先进农机研发推广。加紧研发大型智能农机装备、丘陵山区适用小型机械和园艺机械。支持北斗智能监测终端及辅助驾驶系统集成应用。完善农机购置与应用补贴政策，探索与作业量挂钩的补贴办法，地方要履行法定支出责任。

（十三）推进农业绿色发展。加快农业投入品减量增效技术推广应用，推进水肥一体化，建立健全秸秆、农膜、农药包装废弃物、畜禽粪污等农业废弃物收集利用处理体系。推进农业绿色发展先行区和观测试验基地建设。健全耕地休耕轮作制度。加强农用地土壤镉等重金属污染源头防治。强化受污染耕地安全利用和风险管控。建立农业生态环境保护监测制度。出台生态保护补偿条例。严格执行休禁渔期制度，实施好长江十年禁渔，巩固退捕渔民安置保障成果。持续开展母亲河复苏行动，科学实施农村河湖综合整治。加强黄土高原淤地坝建设改造。加大草原保护修复力度。巩固退耕还林还草成果，落实相关补助政策。严厉打击非法引入外来物种行为，实施重大危害入侵物种防控攻坚行动，加强"异宠"交易与放生规范管理。

四、巩固拓展脱贫攻坚成果

（十四）坚决守住不发生规模性返贫底线。压紧压实各级巩固拓展脱贫攻坚成果责任，确保不松劲、不跑偏。强化防止返贫动态监测。对有劳动能力、有意愿的监测户，落实开发式帮扶措施。健全分层分类的社会救助体系，做好兜底保障。巩固提升"三保障"和饮水安全保障成果。

（十五）增强脱贫地区和脱贫群众内生发展动力。把增加脱贫群众收入作为根本要求，把促进脱贫县加快发展作为主攻方向，更加注重扶志扶智，聚焦产业就业，不断缩小收入差距、发展差距。中央财政衔接推进乡村振兴补助资金用于产业发展的比重力争提高到 60% 以上，重点支持补上技术、设施、营销等短板。鼓励脱贫地区有条件的农户发展庭院经济。深入开展多种形式的消费帮扶，持续推进消费帮扶示范城市和产地示范区创建，支持脱贫地区打造区域公用品牌。财政资金和帮扶资金支持的经营性帮扶项目要健全利益联结机制，带动农民增收。管好用好扶贫项目资产。深化东西部劳务协作，实施防止返贫就业攻坚行动，确保脱贫劳动力就业规模稳定在 3 000 万人以上。持续运营好就业帮扶车间和其他产业帮扶项目。充分发挥乡村公益性岗位就业保障作用。深入开展"雨露计划+"就业促进行动。在国家乡村振兴重点帮扶县实施一批补短板促振兴重点项目，深入实施医疗、教育干部人才"组团式"帮扶，更好发挥驻村干部、科技特派员产业帮扶作用。深入开展巩固易地搬迁脱贫成果专项行动和搬迁群众就业帮扶专项行动。

（十六）稳定完善帮扶政策。落实巩固拓展脱贫攻坚成果同乡村振兴有效衔接政策。开展国家乡村振兴重点帮扶县发展成效监测评价。保持脱贫地区信贷投放力度不减，扎实做好脱贫人口小额信贷工作。按照市场化原则加大对帮扶项目的金融支持。深化东西部协作，组织东部地区经济较发达县（市、区）与脱贫县开展携手促振兴行动，带动脱贫县更多承接和发展劳动密集型产业。持续做好中央单位定点帮扶，调整完善结对关系。

深入推进"万企兴万村"行动。研究过渡期后农村低收入人口和欠发达地区常态化帮扶机制。

五、推动乡村产业高质量发展

（十七）做大做强农产品加工流通业。实施农产品加工业提升行动，支持家庭农场、农民合作社和中小微企业等发展农产品产地初加工，引导大型农业企业发展农产品精深加工。引导农产品加工企业向产地下沉、向园区集中，在粮食和重要农产品主产区统筹布局建设农产品加工产业园。完善农产品流通骨干网络，改造提升产地、集散地、销地批发市场，布局建设一批城郊大仓基地。支持建设产地冷链集配中心。统筹疫情防控和农产品市场供应，确保农产品物流畅通。

（十八）加快发展现代乡村服务业。全面推进县域商业体系建设。加快完善县乡村电子商务和快递物流配送体系，建设县域集采集配中心，推动农村客货邮融合发展，大力发展共同配送、即时零售等新模式，推动冷链物流服务网络向乡村下沉。发展乡村餐饮购物、文化体育、旅游休闲、养老托幼、信息中介等生活服务。鼓励有条件的地区开展新能源汽车和绿色智能家电下乡。

（十九）培育乡村新产业新业态。继续支持创建农业产业强镇、现代农业产业园、优势特色产业集群。支持国家农村产业融合发展示范园建设。深入推进农业现代化示范区建设。实施文化产业赋能乡村振兴计划。实施乡村休闲旅游精品工程，推动乡村民宿提质升级。深入实施"数商兴农"和"互联网+"农产品出村进城工程，鼓励发展农产品电商直采、定制生产等模式，建设农副产品直播电商基地。提升净菜、中央厨房等产业标准化和规范化水平。培育发展预制菜产业。

（二十）培育壮大县域富民产业。完善县乡村产业空间布局，提升县城产业承载和配套服务功能，增强重点镇集聚功能。实施"一县一业"强县富民工程。引导劳动密集型产业向中西部地区、向县域梯度转移，支持大中城市在周边县域布局关联产业和配套企业。支持国家级高新区、经开区、农高区托管联办县域产业园区。

六、拓宽农民增收致富渠道

（二十一）促进农民就业增收。强化各项稳岗纾困政策落实，加大对中小微企业稳岗倾斜力度，稳定农民工就业。促进农民工职业技能提升。完善农民工工资支付监测预警机制。维护好超龄农民工就业权益。加快完善灵活就业人员权益保障制度。加强返乡入乡创业园、农村创业孵化实训基地等建设。在政府投资重点工程和农业农村基础设施建设项目中推广以工代赈，适当提高劳务报酬发放比例。

（二十二）促进农业经营增效。深入开展新型农业经营主体提升行动，支持家庭农场组建农民合作社、合作社根据发展需要办企业，带动小农户合作经营、共同增收。实施农业社会化服务促进行动，大力发展代耕代种、代管代收、全程托管等社会化服务，鼓励区域性综合服务平台建设，促进农业节本增效、提质增效、营销增效。引导土地经营权有序流转，发展农业适度规模经营。总结地方"小田并大田"等经验，探索在农民自愿前提下，结合农田建设、土地整治逐步解决细碎化问题。完善社会资本投资农业农村指引，加强资本下乡引入、使用、退出的全过程监管。健全社会资本通过流转取得土地经营权的资格审查、项目审核和风险防范制度，切实保障农民利益。坚持为农服务和政事分开、社企分开，持续深化供销合作社综合改革。

（二十三）赋予农民更加充分的财产权益。深化农村土地制度改革，扎实搞好确权，稳步推进赋权，有序实现活权，让农民更多分享改革红利。研究制定第二轮土地承包到期后再延长30年试点工作指导意见。稳慎推进农村宅基地制度改革试点，切实摸清底数，加快房地一体宅基地确权登记颁证，加强规范管理，妥善化解历史遗留问题，探索宅基地"三权分置"有效实现形式。深化农村集体经营性建设用地入市试点，探索建立兼顾国家、农村集体经济组织和农民利益的土地增值收益有效调节机制。保障进城落户农民合法土地权益，鼓励依法自愿有偿转让。巩固提升农村集体产权制度改革成果，构建产权关系明晰、治理架构科学、经营方式稳健、收益分配合理的运行机制，探索资源发包、物业出租、居间服务、资产参股等多样化途径发展新型农村集体经济。健全农村集体资产监管体系。保障妇女在农村集体经济组织中的合法权益。继续深化集体林权制度改革。深入推进农村综合改革试点示范。

七、扎实推进宜居宜业和美乡村建设

（二十四）加强村庄规划建设。坚持县域统筹，支持有条件有需求的村庄分区分类编制村庄规划，合理确定村庄布局和建设边界。将村庄规划纳入村级议事协商目录。规范优化乡村地区行政区划设置，严禁违背农民意愿撤并村庄、搞大社区。推进以乡镇为单元的全域土地综合整治。积极盘活存量集体建设用地，优先保障农民居住、乡村基础设施、公共服务空间和产业用地需求，出台乡村振兴用地政策指南。编制村容村貌提升导则，立足乡土特征、地域特点和民族特色提升村庄风貌，防止大拆大建、盲目建牌楼亭廊"堆盆景"。实施传统村落集中连片保护利用示范，建立完善传统村落调查认定、撤并前置审查、灾毁防范等制度。制定农村基本具备现代生活条件建设指引。

（二十五）扎实推进农村人居环境整治提升。加大村庄公共空间整治力度，持续开展村庄清洁行动。巩固农村户厕问题摸排整改成果，引导农民开展户内改厕。加强农村公厕建设维护。以人口集中村镇和水源保护区周边村庄为重点，分类梯次推进农村生活污水治理。推动农村生活垃圾源头分类减量，及时清运处置。推进厕所粪污、易腐烂垃圾、有机废弃物就近就地资源化利用。持续开展爱国卫生运动。

（二十六）持续加强乡村基础设施建设。加强农村公路养护和安全管理，推动与沿线配套设施、产业园区、旅游景区、乡村旅游重点村一体化建设。推进农村规模化供水工程建设和小型供水工程标准化改造，开展水质提升专项行动。推进农村电网巩固提升，发展农村可再生能源。支持农村危房改造和抗震改造，基本完成农房安全隐患排查整治，建立全过程监管制度。开展现代宜居农房建设示范。深入实施数字乡村发展行动，推动数字化应用场景研发推广。加快农业农村大数据应用，推进智慧农业发展。落实村庄公共基础设施管护责任。加强农村应急管理基础能力建设，深入开展乡村交通、消防、经营性自建房等重点领域风险隐患治理攻坚。

（二十七）提升基本公共服务能力。推动基本公共服务资源下沉，着力加强薄弱环节。推进县域内义务教育优质均衡发展，提升农村学校办学水平。落实乡村教师生活补助政策。推进医疗卫生资源县域统筹，加强乡村两级医疗卫生、医疗保障服务能力建设。统筹解决乡村医生薪酬分配和待遇保障问题，推进乡村医生队伍专业化规范化。提高农村传染病防控和应急处置能力。做好农村新冠疫情防控工作，层层压实责任，加强农村老幼病残孕等重点人群医疗保障，最大程度维护好农村居民身体健康和正常生产生活秩序。优化低保审核确认流程，确保符合条件的困难群众"应保尽保"。深化农村社会工作服务。加快乡镇区域养老服务中心建设，推广日间照料、互助养老、探访关爱、老年食堂等养老服务。实施农村妇女素质提升计划，加强农村未成年人保护工作，健全农村残疾人社会保障制度和关爱服务体系，关心关爱精神障碍人员。

八、健全党组织领导的乡村治理体系

（二十八）强化农村基层党组织政治功能和组织功能。突出大抓基层的鲜明导向，强化县级党委抓乡促村责任，深入推进抓党建促乡村振兴。全面培训提高乡镇、村班子领导乡村振兴能力。派强用好驻村第一书记和工作队，强化派出单位联村帮扶。开展乡村振兴领域腐败和作风问题整治。持续开展市县巡察，推动基层纪检监察组织和村务监督委员会有效衔接，强化对村干部全方位管理和经常性监督。对农村党员分期分批开展集中培训。通过设岗定责等方式，发挥农村党员先锋模范作用。

（二十九）提升乡村治理效能。坚持以党建引领乡村治理，强化县乡村三级治理体系功能，压实县级责任，推动乡镇扩权赋能，夯实村级基础。全面落实县级领导班子成员包乡走村、乡镇领导班子成员包村联户、村干部经常入户走访制度。健全党组织领导的村民自治机制，全面落实"四议两公开"制度。加强乡村法治教育和法律服务，深入开展"民主法治示范村（社区）"创建。坚持和发展新时代"枫桥经验"，完善社会矛盾纠纷多元预防调处化解机制。完善网格化管理、精细化服务、信息化支撑的基层治理平台。推进农村扫黑除恶常态化。开展打击整治农村赌博违法犯罪专项行动。依法严厉打击侵害农村妇女儿童权利的违法犯罪行为。完善推广积分制、清单制、数字化、接诉即办等务实管用的治理方式。深化乡村治理体系建设试点，组织开展全国乡村治理示范村镇创建。

（三十）加强农村精神文明建设。深入开展社会主义核心价值观宣传教育，继续在乡村开展听党话、感党恩、跟党走宣传教育活动。深化农村群众性精神文明创建，拓展新时代文明实践中心、县级融媒体中心等建设，支持乡村自办群众性文化活动。注重家庭家教家风建设。深入实施农耕文化传承保护工程，加强重要农业文化遗产保护利用。办好中国农民丰收节。推动各地因地制宜制定移风易俗规范，强化村规民约约束作用，党员、干部带头示范，扎实开展高价彩礼、大操大办等重点领域突出问题专项治理。推进农村丧葬习俗改革。

九、强化政策保障和体制机制创新

（三十一）健全乡村振兴多元投入机制。坚持把农业农村作为一般公共预算优先保障领域，压实地方政府投入责任。稳步提高土地出让收益用于农业农村比例。将符合条件的乡村振兴项目纳入地方政府债券支持范围。支持以市场化方式设立乡村振兴基金。健全政府投资与金融、社会投入联动机制，鼓励将符合条件的项目打捆打包按规定由市场主体实施，撬动金融和社会资本按市场化原则更多投向农业农村。用好再贷款再贴现、差别化存款准备金、差异化金融监管和考核评估等政策，推动金融机构增加乡村振兴相关领域贷款投放，重点保障粮食安全信贷资金需求。引导信贷担保业务向农业农村领域倾斜，发挥全国农业信贷担保体系作用。加强农业信用信息共享。发挥多层次资本市场支农作用，优化"保险+期货"。加快农村信用社改革化险，推动村镇银行结构性重组。鼓励发展渔业保险。

（三十二）加强乡村人才队伍建设。实施乡村振兴人才支持计划，组织引导教育、卫生、科技、文化、社会工作、精神文明建设等领域人才到基层一线服务，支持培养本土急需紧缺人才。实施高素质农民培育计划，开展农村创业带头人培育行动，提高培训实效。大力发展面向乡村振兴的职业教育，深化产教融合和校企合作。完善城市专业技术人才定期服务乡村激励机制，对长期服务乡村的在职务晋升、职称评定方面予以适当倾斜。引导城市专业技术人员入乡兼职兼薪和离岗创业。允许符合一定条件的返乡回乡下乡就业创业人员在原籍地或就业创业地落户。继续实施农村订单定向医学生免费培养项目、教师"优师计划"、"特岗计划"、"国培计划"，实施"大学生乡村医生"专项计划。实施乡村振兴巾帼行动、青年人才开发行动。

（三十三）推进县域城乡融合发展。健全城乡融合发展体制机制和政策体系，畅通城乡要素流动。统筹县域城乡规划建设，推动县城城镇化补短板强弱项，加强中心镇市政、服务设施建设。深入推进县域农民工市民化，建立健全基本公共服务同常住人口挂钩、由常住地供给机制。做好农民工金融服务工作。梯度配置县乡村公共资源，发展城乡学校共同体、紧密型医疗卫生共同体、养老服务联合体，推动县域供电、供气、电信、邮政等普遍服务类设施城乡统筹建设和管护，有条件的地区推动市政管网、乡村微管网等往户延伸。扎实开展乡村振兴示范创建。

办好农村的事，实现乡村振兴，关键在党。各级党委和政府要认真学习宣传贯彻党的二十大精神，学深悟透习近平总书记关于"三农"工作的重要论述，把"三农"工作摆在突出位置抓紧抓好，不断提高"三农"工作水平。加强工作作风建设，党员干部特别是领导干部要树牢群众观点，贯彻群众路线，多到基层、多接地气，大兴调查研究之风。发挥农民主体作用，调动农民参与乡村振兴的积极性、主动性、创造性。强化系统观念，统筹解决好"三农"工作中两难、多难问题，把握好工作时度效。深化纠治乡村振兴中的各类形式主义、官僚主义等问题，切实减轻基层迎评送检、填表报数、过度留痕等负担，推动基层把主要精力放在谋发展、抓治理和为农民群众办实事上。全面落实乡村振兴责任制，坚持五级书记抓，统筹开展乡村振兴战略实绩考核、巩固拓展脱贫攻坚成果同乡村振兴有效衔接考核评估，将抓党建促乡村振兴情况作为市县乡党委书记抓基层党建述职评议考核的重要内容。加强乡村振兴统计监测。制定加快建设农业强国规划，做好整体谋划和系统安排，同现有规划相衔接，分阶段扎实稳步推进。

让我们紧密团结在以习近平同志为核心的党中央周围，坚定信心、踔厉奋发、埋头苦干，全面推进乡村振兴，加快建设农业强国，为全面建设社会主义现代化国家、全面推进中华民族伟大复兴作出新的贡献。

附录 D　《农业农村部关于落实中共中央国务院关于学习运用"千村示范、万村整治"工程经验有力有效推进乡村全面振兴工作部署的实施意见》

（2024 年 1 月 10 日）

各省、自治区、直辖市农业农村（农牧）、畜牧兽医、农垦、渔业厅（局、委）、乡村振兴局，新疆生产建设兵团农业农村局、乡村振兴局，部机关各司局、派出机构，各直属单位：

为深入贯彻落实《中共中央、国务院关于学习运用"千村示范、万村整治"工程经验有力有效推进乡村全面振兴的意见》精神，扎实做好 2024 年"三农"工作，现提出以下意见。

推进乡村全面振兴是新时代新征程"三农"工作的总抓手。当前和今后一个时期，要学习运用"千村示范、万村整治"（以下简称"千万工程"）蕴含的发展理念、工作方法和推进机制，全力抓好以粮食安全为重心的农业生产，统筹推进以乡村发展建设治理为重点的乡村振兴，持续夯实农业基础，扎实推动乡村产业、人才、文化、生态、组织振兴，加快建设农业强国，加快农业农村现代化，为更好推进中国式现代化建设提供有力支撑。

2024年是实施"十四五"规划的关键一年。各级农业农村部门要以习近平新时代中国特色社会主义思想为指导，全面贯彻落实党的二十大和二十届二中全会精神，深入贯彻落实习近平总书记关于"三农"工作的重要论述，落实中央经济工作会议、中央农村工作会议部署，坚持稳中求进工作总基调，锚定建设农业强国目标，以学习运用"千万工程"经验为引领，确保守住国家粮食安全和不发生规模性返贫底线，提升乡村产业发展、乡村建设和乡村治理水平，强化科技和改革双轮驱动，强化农民增收举措，着力夯基础、稳产能、防风险、增活力，坚决守住"三农"底线，扎实推进乡村发展、乡村建设、乡村治理重点任务，努力推动"三农"工作持续取得新进展新提升。

一、抓好粮食和重要农产品生产，确保国家粮食安全

（一）全力夺取粮食丰收。扎实推进新一轮千亿斤粮食产能提升行动，把粮食增产的重心放到大面积提高单产上，确保粮食产量保持在1.3万亿斤以上。压实责任稳面积。严格开展省级党委和政府落实耕地保护和粮食安全责任制考核。将粮食、大豆和油料生产目标任务下达各省份，着力稳口粮、稳玉米、稳大豆，确保粮食播种面积稳定在17.7亿亩以上。统筹要素提单产。深入实施全国粮油等主要作物大面积单产提升行动，分品种制定落实好集成配套推广工作方案，推进良田良种良法良机良制融合。实施绿色高产高效行动，扩大玉米单产提升工程实施规模，启动小麦单产提升行动。开展粮油规模种植主体单产提升行动，提高关键技术到位率和覆盖面。强化扶持稳收益。推动适当提高小麦最低收购价，合理确定稻谷最低收购价。继续实施耕地地力保护补贴和稻谷补贴。加大产粮大县支持力度，探索建立粮食产销区省际横向利益补偿机制，深化多渠道产销协作。完善农资保供稳价应对机制，鼓励地方探索建立与农资价格上涨幅度挂钩的动态补贴办法。

（二）巩固大豆油料扩种成果。纵深推进国家大豆和油料产能提升工程，确保大豆面积稳定在1.5亿亩以上、油料面积稳中有增。多措并施稳大豆。实施好玉米大豆生产者补贴、粮豆轮作等政策。引导东北地区合理轮作减少重迎茬，支持推广种子包衣、接种大豆根瘤菌等技术。用好带状复合种植补贴，确保黄淮海、西南和长江中下游等适宜地区推广面积稳定在 2 000 万亩。启动实施大豆单产提升工程。支持东北地区发展大豆等农产品全产业链加工。多油并举扩油料。支持利用冬闲田增加油菜面积,合理轮作发展春油菜。实施油菜大面积单产提升三年行动,在油菜主产县整建制集成应用单产提升关键技术。在黄淮海和北方地区轮作倒茬扩种花生,因地制宜发展油葵、芝麻等特色油料生产。积极推进节粮减损,开展"减油增豆"科普宣传,引导逐步降低食用植物油超量消费,提高大豆及其制品消费。

(三)促进畜牧业稳定发展。优化调整生猪产能。完善生猪产能调控实施方案,适度放宽调控绿色区间下限。督促地方稳定用地、环保、贷款等基础性支持政策。推进草食畜牧业转型升级。深入开展肉牛肉羊增量提质行动,稳定牛羊肉基础生产能力。实施奶业生产能力提升整县推进项目,推动完善液态奶标准、规范复原乳标识。扎实推进粮改饲,建设高产稳产饲草料基地。深入实施饲用豆粕减量替代行动。

(四)推进现代渔业发展。发展水产健康养殖。制定全国养殖水域滩涂规划,稳定养殖水面空间。实施水产绿色健康养殖技术推广行动,创建国家级水产健康养殖和生态养殖示范区。积极发展贝藻类养殖。拓展渔业发展空间。积极发展大水面生态渔业,稳步推进稻渔综合种养,发展盐碱地水产养殖。加快推进深远海养殖发展,创建国家级海洋牧场示范区,做优做强远洋渔业产业链供应链。推进渔船和渔港管理体制改革,建设沿海渔港经济区。完善休禁渔期制度,分海区巩固扩大专项捕捞许可范围,规范增殖放流。加强渔业安全隐患排查整治和风险警示。

(五)统筹抓好棉糖胶生产。调优棉花。实施棉花目标价格补贴与质量挂钩政策。稳定黄河流域和长江流域棉区。提升糖料。加大糖料蔗种苗和机收补贴力度,加快补上脱毒健康种苗应用、机械化收获短板,建设糖料蔗高产高糖基地。巩固橡胶。实施天然橡胶资源安全稳定供应保障能力提升行动,探索推广应用智能割胶机械,加快天然橡胶老旧胶园更新改造,建设特种胶园。

(六)提升设施农业水平。制定做好全国"菜篮子"工作指导意见,修订"菜篮子"市长负责制考核办法实施细则,压实"菜篮子"产品保供责任。实施设施农业现代化提升行动,遴选一批全国现代设施农业创新引领区及基地。推进设施种植升级。集中连片推进老旧设施改造提升,在大中城市周边建设一批设施种植标准化园区。在保护生态和深度节水的前提下，支持西北寒旱地区和戈壁地区发展现代设施蔬菜产业。提升设施养殖水平。深入开展畜禽养殖标准化示范创建，因地制宜发展楼房养猪、叠层高效养禽等立体养殖。推进集中连片养殖池塘标准化改造，积极发展工厂化循环水养殖。加快发展智慧农业。建设一批智慧农业引领区，推动规模化农场（牧场、渔场）数字化升级。深入实施智慧农业建设项目，建设国家智慧农业创新中心。健全智慧农业标准体系，推动建立检验检测、应用效果评价和统计监测制度。建设农业农村大数据平台。树立大农业观、大食物观，多渠道拓展食物来源，探索开展大食物监测统计，推介大食物开发典型案例。

（七）强化农业防灾减灾救灾。科学防范气象灾害。加强灾害性天气会商研判，及时发布预警信息，制定防灾减灾技术意见和工作预案，做好物资储备和技术准备，落实防灾减灾、稳产增产等关键措施。加强病虫和疫病防控。实施动植物保护能力提升工程，健全农作物病虫害防控体系，统筹推进联防联控、统防统治和应急防治。持续抓好非洲猪瘟、高致病性禽流感等重大动物疫病常态化防控，推进重点人畜共患病源头防控。加强水生动物疫病防控。深入推进兽用抗菌药使用减量化行动。加强外来物种入侵防控。健全长效机制。推动建立防灾救灾农机储备和调用制度，加强基层农业防灾减灾队伍建设，研究建立区域农业应急救灾中心。

二、持续巩固拓展脱贫攻坚成果，确保不发生规模性返贫

（八）强化防止返贫监测帮扶。优化动态监测。调整防止返贫监测范围，适时开展集中排查，压紧压实防止返贫工作责任，确保应纳尽纳、应扶尽扶。推动防止返贫监测与低收入人口动态监测信息共享，强化筛查预警，提高监测时效。落实帮扶措施。推动部门落实责任，持续巩固提升"三保障"和饮水安全保障成果。对有劳动能力的监测户全面落实开发式帮扶措施，对无劳动能力的监测户做好兜底保障，对存在因灾返贫风险农户符合政策规定的可先行落实帮扶措施。研究推动防止返贫帮扶政策和农村低收入人口常态化帮扶政策衔接并轨。

（九）分类指导帮扶产业发展。制定分类推进脱贫地区帮扶产业高质量发展指导意见，实施脱贫地区帮扶产业提升行动，增强脱贫地区和脱贫

群众内生发展动力。巩固一批。支持市场前景广、链条较完备的帮扶产业，研发新技术新产品，推进产销精准衔接，创响区域公用品牌，促进融合发展。升级一批。支持资源有支撑、发展有基础的帮扶产业，加快补上农业基础设施短板，升级田头保鲜、冷链物流等设施，促进加工增值。盘活一批。推动采取租金减免、就业奖补、金融信贷等措施，支持暂时出现经营困难或发展停滞的帮扶产业纾困。调整一批。及时调整发展难以为继的帮扶产业，妥善解决遗留问题，立足实际规划发展新产业。开展帮扶产业及项目资产运行监测，组织开展帮扶项目资产状况评估，建立健全资产管理机制，符合条件的纳入农村集体资产统一管理。

（十）促进脱贫人口稳岗就业。深入开展防止返贫就业攻坚行动，确保脱贫劳动力务工就业规模稳定在 3000 万人以上。拓宽外出就业渠道。推进"雨露计划+"就业促进行动、乡村工匠"双百双千"培育工程，鼓励各地组建区域劳务协作联盟，培育脱贫地区特色劳务品牌。促进就地就近就业。加强就业帮扶车间运行监测，引导具备产业升级条件的帮扶车间发展为中小企业。统筹用好乡村公益性岗位，扩大以工代赈规模。实施国家乡村振兴重点帮扶县和大型易地扶贫搬迁安置区就业帮扶专项行动。

（十一）深化区域协作帮扶。促进区域协调发展。落实国家区域重大战略和区域协调发展战略，分区域制定农业农村发展实施方案，健全协调工作机制。研究建立欠发达地区常态化帮扶机制。加强重点县帮扶。指导160 个国家乡村振兴重点帮扶县实施涉农资金统筹整合试点政策，加强整合资金使用监管，推动国有金融机构加大金融支持力度。开展国家乡村振兴重点帮扶县发展成效监测评价。加强对口协作帮扶。持续推进东西部协作，深入实施携手促振兴行动，推进产业合作、劳务协作和消费帮扶。深化中央单位定点帮扶，实施彩票公益金支持革命老区乡村振兴项目，扎实做好农业农村援疆援藏等对口支援工作，协同推进民族地区、边境地区帮扶和乡村发展。加强社会力量帮扶。优化驻村第一书记和工作队选派管理，深入推进"万企兴万村"行动，开展社会组织助力乡村振兴专项活动。

三、强化农业科技和装备支撑，打牢现代农业发展基础

（十二）加强高标准农田建设。制定实施逐步把永久基本农田全部建成高标准农田实施方案，优先把东北黑土地区、平原地区、具备水利灌溉

条件地区的耕地建成高标准农田。加大建设力度。提高中央和省级投入水平，创新建设模式和投融资机制，多元筹集建设资金。实施好特别国债高标准农田等建设项目，完成新建和改造提升高标准农田年度任务。开展整区域推进高标准农田建设试点。强化质量监管。建立健全农田建设工程质量监督检验体系，常态化开展工程设施质量抽测。完善农田建设长效管护机制，鼓励农村集体经济组织、新型农业经营主体、农户等直接参与高标准农田建设管护。

（十三）加强耕地质量建设。提升耕地地力。深入实施国家黑土地保护工程，推进东北黑土地保护性耕作行动计划，实施保护性耕作1亿亩。推动实施耕地有机质提升行动，加强退化耕地治理，建设酸化耕地治理重点县，分区分类开展盐碱耕地治理改良，集成推广耕地质量提升措施。开展盐碱地等耕地后备资源综合利用试点，推进"以种适地"同"以地适种"相结合。保护耕地资源。制定补充耕地质量验收办法，推动实现"占优补优"。细化明确耕地"非粮化"整改范围，合理安排恢复时序。因地制宜推进撂荒地利用，宜粮则粮、宜经则经，对确无人耕种的支持农村集体经济组织多途径种好用好。加强受污染耕地安全利用。力争完成第三次全国土壤普查外业调查采样和内业测试化验并形成阶段性成果，推进土壤资源库建设。

（十四）系统推动农业农村科技进步。突出应用导向，统筹推进前端关键核心技术攻关、中端技术模式集成、后端适用技术推广，构建梯次分明、分工协作、适度竞争的农业科技创新体系。强化自主创新。制定农业科技创新战略要点。全面推进农业关键核心技术攻关，培育农业"火花技术"，尽快在底盘技术、核心种源、丘陵山区农机装备等领域取得突破。提升创新条件。调整优化农业领域科技创新平台布局，建设区域引领性种业科技创新中心，打造企业实验室和企科创新联合体。遴选一批创新型国家农业阵型企业。建设第三批国家农业高新技术产业示范区。加快推广应用。建强省级现代农业产业技术体系。加强基层农技推广体系队伍和条件建设，强化农技推广体系与科研院校、科技服务企业贯通合作。持续建设农业科技现代化先行县，打造农业科技强县样板。

（十五）加快推进种业振兴行动。强化种质资源保护利用。筛选挖掘大豆、玉米等优异种质和基因资源。建设国家畜禽和淡水渔业种质资源库。推进育种创新攻关。深入实施农业生物育种重大项目,扎实推进国家育种联合攻关和畜禽遗传改良计划,加快选育推广高油高产大豆、短生育期油菜、耐盐碱作物等生产急需的自主优良品种。开展重大品种研发推广应用一体化试点,提高种业企业自主创新能力。推动生物育种产业化扩面提速。加强育种制种基地建设。深入实施现代种业提升工程和制种大县奖励政策,建设南繁硅谷、黑龙江大豆等国家级种业基地,新遴选一批制种大县、区域性良种繁育基地和畜禽核心育种场。加强品种试验审定管理,推进实施种子认证制度。

(十六)提升农机装备研发应用水平。推进先进农机创制。大力实施农机装备补短板行动,建设"一大一小"农机装备研发制造推广应用先导区。开展农机研发制造推广应用一体化试点,推动建设农机装备研产推用贯通应用基地。推广适用农机。完善农机购置与应用补贴政策,探索实行与作业量挂钩的补贴资金兑付方式,推动优机优补。开辟急需适用农机鉴定"绿色通道"。提升农机服务能力。建设区域农机社会化服务中心,因地制宜推广应用全程机械化生产模式。加强机手作业技能培训,深入推进机收减损。

四、加强农业资源环境保护,推动农业发展绿色转型

(十七)加强水生生物资源养护。坚定不移推进长江十年禁渔。常态化开展部门联动执法监管,严厉打击各类非法捕捞行为。加强以长江流域为重点的渔政执法能力建设,强化智能设施应用。推动提高退捕渔民安置和社会保障水平,将符合条件的退捕渔民及时识别为防止返贫监测对象,实施好"十省百县千户"退捕渔民跟踪调研和就业帮扶"暖心行动"。保护水生生物多样性。加强水生生物资源调查、监测和评估,发布长江水生生物完整性指数,开展珍贵濒危水生野生动物栖息地调查,加大力度深入实施中华鲟、中华白海豚等旗舰物种保护行动计划。加强国家级水产种质资源保护区建设,强化涉渔生态补偿措施落实,推进水生生物栖息生境修复。

(十八)加强农业面源污染防治。推进化肥农药减量增效。实施科学施肥增效行动,选择一批乡村整建制推广施肥新技术新产品新机具。推动农药减量化,推进绿色防控和统防统治融合发展。加快修订禁限用农药名

录。加强农业废弃物资源化利用。深入实施畜禽粪污资源化利用整县推进项目，支持养殖场户建设和改造提升粪污处理设施。建设一批秸秆综合利用重点县，推进秸秆科学还田、高效离田。开展地膜联合监管"百日攻坚"行动，严禁非标地膜入市下田，促进地膜科学使用处置。以长江经济带和黄河流域为重点，扩大整建制全要素全链条农业面源污染综合防治试点。推进黄河流域深度节水控水。

（十九）大力发展生态循环农业。制定生态循环农业实施方案，加快构建生态循环农业产业体系。推广绿色技术促进小循环。加强新型农业经营主体技术培训，推广应用绿色高效品种机具，因地制宜发展稻渔综合种养、粮畜菌果等生态种养。推进种养结合促进中循环。实施绿色种养循环农业试点，培育一批粪肥还田社会化服务组织，促进种养适配、生态循环。发展绿色经济促进大循环。建设一批生态循环农业生产基地，推动全产业链绿色低碳发展。加快推进国家农业绿色发展先行区建设，开展省级农业绿色发展水平监测评价。

（二十）增加绿色优质农产品供给。深入实施农业生产和农产品"三品一标"行动，推进品种培优、品质提升、品牌打造和标准化生产，加快绿色、有机、地理标志和名特优新等优质农产品生产基地建设。推进标准化生产。建立覆盖全链条的标准化生产和质量品质分级体系，推进现代农业全产业链标准化。加强质量安全监管。开展豇豆、水产养殖重点品种药物残留突出问题攻坚治理，加强其他合格率偏低品种监管。强化农产品检测，推广应用新型快速检测技术，全面落实食用农产品承诺达标合格证制度，扩大农产品质量安全追溯管理和信用监管覆盖范围。培育精品品牌。完善农业品牌目录制度，实施农业品牌精品培育计划，建设一批区域公用品牌、企业品牌和优质特色产品品牌。办好中国国际农产品交易会等展会。

五、全链推进乡村产业发展，拓宽农民增收致富渠道

（二十一）大力发展乡村特色产业。提升特色种养。支持开展特色种质资源收集普查，筛选一批性状优良的特色品种。建设一批特色农产品标准化生产基地，遴选一批热带作物标准示范园，推动产业提档升级。调优水果生产布局和品种结构，发展现代果园，完善采后处理、加工和冷链物

流体系，促进水果产业高质量发展。做精乡土特色产业。加强传统手工艺保护传承，发掘培育篾匠、铁匠、剪纸工等能工巧匠，促进传统工艺特色产业发展，创响"工艺牌""文化牌"等乡土品牌。培育乡村特色产业专业村镇，发展一批特色粮油、果菜茶、畜禽、水产品、乡土产业等村镇。

（二十二）高值提升农产品加工业。改进技术装备。支持区域性预冷烘干、储藏保鲜、鲜切包装等初加工设施建设，推广应用新型杀菌、高效分离等精深加工技术。建设一批农产品加工技术科研试验基地，完善国家农产品加工技术研发体系。推进延链增值。绘制粮食和重要农产品"加工树"图谱，引导加工企业开发多元加工产品。以农产品加工业为重点建设一批全产业链典型县。推进农产品加工副产物综合利用，开发稻米油、胚芽油和蛋白饲料等产品。引导各地建设一批农产品加工产业园区。

（二十三）促进农村一二三产业融合发展。打造融合载体。优化实施农业产业融合发展项目，支持建设一批优势特色产业集群、国家现代农业产业园、农业产业强镇。深入推进农业现代化示范区创建，分区分类探索农业现代化发展模式。推动建设一批台湾农民创业园和海峡两岸乡村振兴合作基地，促进海峡两岸农业农村融合发展。促进农文旅融合。实施休闲农业提升行动，建设一批全国休闲农业重点县，遴选推介中国美丽休闲乡村和乡村休闲旅游精品景点线路，开发差异化乡村休闲旅游产品和服务。健全联农带农益农机制。培育农业产业化联合体，将新型农业经营主体和涉农企业扶持政策与带动农户增收挂钩，把产业增值收益更多留给农民。

（二十四）提升农产品流通效率。健全冷链设施网络。实施农产品仓储保鲜冷链物流设施建设工程，支持建设一批田头冷藏保鲜设施，推动建设一批农产品骨干冷链物流基地、产地冷链集配中心。共建一批国家级农产品产地市场，推进交易服务、仓储物流等公益性基础设施建设。发展农产品电子商务。实施"互联网+"农产品出村进城工程，总结推广典型经验。推动建设一批县域农副产品电商直播基地，促进优质农产品上网销售。

六、扎实推进乡村建设和乡村治理，建设宜居宜业和美乡村

（二十五）深入实施农村人居环境整治提升行动。稳步推进农村改厕。指导中西部资源条件适宜且技术模式成熟地区稳步推进户厕改造，积极开展干旱寒冷地区适用技术产品研发与试点，探索农户自愿按标准改厕、政府验收合格后补助到户的奖补模式。具备条件的推进厕所与生活污水处理设施同步建设、一并管护。协同推进农村生活污水垃圾治理。分类梯次推进农村生活污水治理，开展农村黑臭水体动态排查和源头治理。健全农村生活垃圾分类收运处置体系，在有条件的地方探索推进源头分类减量与资源化利用。整体提升村容村貌。建立健全常态化清洁制度，有序推进村庄清洁行动。开展美丽宜居村庄创建示范。

（二十六）统筹推进农村基础设施和公共服务体系建设。加强建设任务统筹。推动省市县编制乡村建设年度任务清单，规划布局乡村基础设施和公共服务。以县为单位建立乡村建设项目库，合理安排建设优先序。健全全国乡村建设信息监测平台，完善工作推进考评机制和问题发现处置机制。推动农村公共基础设施补短板。开展村庄微改造、小改进、精提升，稳步提升小型公益性基础设施建设水平。协调推进农村水电路等基础设施建设和农村教育、医疗、养老等公共服务体系建设，推动基础设施和公共服务建设向国有农场延伸。开展农村公共服务重要领域监测评价，征集推介农村公共服务典型案例。深入实施"百校联百县兴千村"行动。

（二十七）提升乡村治理水平。创新推广有效治理办法。推广清单制、积分制、"村民说事"等务实管用乡村治理方式，推进数字化赋能乡村治理，丰富拓展制度性治理方式。启动第二批全国乡村治理体系建设试点，鼓励地方探索乡村治理新模式新路径，宣传推介一批全国乡村治理典型。推进农村移风易俗。开展高额彩礼、大操大办等重点领域突出问题综合治理。通报表扬一批移风易俗专项治理工作先进县（市、区）。鼓励各地利用乡村综合性服务场所，为农民婚丧嫁娶等提供便利条件。完善婚事新办、丧事简办、孝老爱亲等约束性规范和倡导性标准。

（二十八）推进乡村文化发展。加强农村精神文明建设。组织"乡村文化艺术展演季""新时代乡村阅读季"活动，推出一批"三农"领域优秀文化作品。办好中国农民丰收节。坚持农民唱主角，鼓励支持基层和农民群众自主举办"村BA"、村超、村晚等群众性文体活动。保护传承优秀农耕文化。积极搭建农村文化展示平台，实施农耕文化传承保护工程，开展乡村文化资源摸底调查，启动第八批中国重要农业文化遗产挖掘认定，申报一批全球重要农业文化遗产。鼓励有条件的地方开设农耕文化大讲堂，开展"农业文化遗产里的中国"宣传活动，实施"农遗良品"培育计划。

七、稳妥深化农村改革，激发乡村振兴动力活力

（二十九）稳步推进农村土地制度改革。稳妥推进承包地改革。启动第二轮土地承包到期后再延长 30 年整省试点，推进农村土地承包合同网签。健全土地流转服务体系，推动建立土地流转合理价格引导机制。探索完善进城落户农民依法自愿有偿退出土地承包经营权的配套措施。稳慎推进农村宅基地制度改革。深化改革试点，持续推进宅基地权利分置和权能完善。推动建立多元化的农民户有所居保障机制，加强基层宅基地管理服务能力建设，完善闲置农房和闲置宅基地盘活利用政策，建设全国统一的农村宅基地管理信息平台。出台宅基地管理暂行办法。稳步推进农村改革试验区建设，总结推广一批可复制可借鉴的农村改革经验模式。

（三十）加快构建现代农业经营体系。提升新型农业经营主体。开展新型农业经营主体提质强能整建制推进试点，创建一批农民合作社示范社和示范家庭农场，支持家庭农场组建农民合作社，加强对农民合作社办公司观察点跟踪指导和经验推广。深入开展"千员带万社"行动，鼓励农民合作社联合社等各类组织为新型农业经营主体发展全周期提供服务。全面实行家庭农场"一码通"管理服务制度。发展农业社会化服务。加强农业社会化服务主体能力建设，鼓励有条件的服务主体建设区域性农业社会化综合服务中心，拓展服务领域和模式。建立健全农业社会化服务标准体系，细化服务技术规范、作业要求，强化服务效果评估。提升农垦辐射带动能力。深入推进垦区区域集团化改革，分类指导农场企业化改革。实施"农垦社会化服务+地方"行动，支持面向地方开展全产业链服务。开展农垦土地管理与利用情况监测，完善农垦土地管理利用方式。实施欠发达国有农场巩固提升行动。

（三十一）深化农村集体产权制度改革。加强农村集体资产管理。健全监督管理服务体系，完善全国农村集体资产监督管理平台，推动出台对集体资产由村民委员会、村民小组登记到农村集体经济组织名下实行税收减免的政策。指导有条件地区探索开展集体收益分配权有偿退出、继承等。发展新型农村集体经济。推进新型农村集体经济稳健发展，鼓励探索

资源发包、物业出租、居间服务、资产参股等多样化发展途径，支持农村集体经济组织提供生产、劳务等服务。严格控制农村集体经营风险。规范流转交易。稳妥有序开展农村产权流转交易规范化试点。落实工商企业等社会资本通过流转取得土地经营权审批工作。推进土地流转台账信息平台建设，探索建立土地流转风险排查处置工作机制。

（三十二）推动高水平农业对外开放。认定第四批农业国际贸易高质量发展基地。加快潍坊、宁夏国家农业开放发展综合试验区建设，推进境内农业对外开放合作试验区和境外农业产业园区建设。支持利用上海合作组织农业技术交流培训示范基地，加强现代农业领域合作。

八、强化支撑保障，推动工作落地见效

（三十三）强化乡村振兴统筹协调。健全推进机制。落实乡村产业振兴、人才振兴、文化振兴、生态振兴、组织振兴以及乡村建设工作指引，细化工作方案，及时跟踪调度，推动工作落实。强化考核督查。扎实开展巩固拓展脱贫攻坚成果同乡村振兴有效衔接考核评估、推进乡村振兴战略实绩考核，强化考核评估结果运用。探索建立日常监测评估和常态化监督检查机制，推动落实乡村振兴责任制。开展示范创建。深入推进国家乡村振兴示范县创建，探索不同区域全面推进乡村振兴的组织方式、发展模式和实践路径。推动开展乡村振兴表彰。

（三十四）健全多元投资渠道。争取财政支持。推动各地落实土地出让收入支农政策，扩大地方政府专项债支农规模，加大财政对乡村振兴重大工程项目建设支持力度。中央财政衔接推进乡村振兴补助资金用于产业的比例保持总体稳定，强化绩效管理，优化项目管理方式。扩大信贷资金规模。优化农业经营主体信贷直通车服务，完善农业农村基础设施融资项目库对接机制，引导金融机构加大信贷投放。实施现代设施农业、高标准农田建设等贷款贴息试点，强化财政金融协同联动。推动提升全国农担服务效能。做好脱贫人口小额信贷工作。发挥农业保险作用。推动三大主粮完全成本保险和种植收入保险全国覆盖，扩大大豆完全成本保险和种植收入保险试点范围。支持地方拓展优势特色农产品险种。推动农业保险精准投保理赔，做到应赔尽赔。完善"保险+期货"模式。引导社会资本投入。修订社会资本投资农业农村指引，发挥乡村振兴基金作用，引导地方利用

好农投公司等平台，有序扩大农业农村投资。

（三十五）壮大乡村人才队伍。加强农业科技人才培养。实施"神农英才"计划等专项，组织开展中华农业英才奖评选，遴选一批高层次农业科技领军人才。健全科技人才激励政策，推动扩大"公费农科生"实施范围。推动建立城市专业技术人才定期服务乡村制度，鼓励科研院所、高等学校专家服务乡村。加强农村实用人才培训。深入实施乡村产业振兴带头人培育"头雁"项目、高素质农民培育计划和"耕耘者振兴计划"，加强农村实用人才带头人培训，开展"全国十佳农民"遴选资助。健全农业农村高技能人才培养机制。深入开展涉农干部乡村振兴培训。

（三十六）加强农业农村法治建设。健全法律规范体系。推进农村集体经济组织法、耕地保护和质量提升法、农业法、渔业法、植物新品种保护条例制修订，完善配套规章制度。深化农业综合行政执法改革。深入实施农业综合行政执法能力提升行动，组织农业综合行政执法示范创建，常态化开展执法练兵，开展"绿剑护粮安"执法行动。加强农资质量、农产品质量安全、动植物检疫、种业知识产权保护等重点领域执法。强化法治宣传。加快培育农村学法用法示范户，建设一批农村法治宣传教育基地，开展形式多样的农村普法主题活动。加快推进行政许可事项办理全程电子化。

各级农业农村部门要提高政治站位，巩固拓展学习贯彻习近平新时代中国特色社会主义思想主题教育成果，坚持守正创新，把住"三农"工作底线红线，切实维护农民利益；强化统筹协调，对牵头推动的工作紧抓不放，对协同配合的工作主动作为，落细落实工作措施；大兴调查研究之风，增强工作本领，改进工作作风，提高防范化解风险能力，为全面推进乡村振兴、加快建设农业强国，谱写新时代"三农"工作新篇章作出更大贡献！

附录 E 《中共重庆市委重庆市人民政府关于做好二〇二三年全面推进乡村振兴重点工作的实施意见》

（2023 年 2 月 1 日）

2023 年是全面贯彻落实党的二十大精神的开局之年，是接续全面推进乡村振兴的关键一年。新时代新征程全面建设社会主义现代化新重庆，最艰巨最繁重的任务在农村。为贯彻落实《中共中央、国务院关于做好 2023 年全面推进乡村振兴重点工作的意见》（中发〔2023〕1 号）精神，举全市之力全面推进乡村振兴，加快农业农村现代化，结合我市实际，制定如下实施意见。

一、总体要求

坚持以习近平新时代中国特色社会主义思想为指导，深入贯彻党的二十大精神，贯彻落实中央经济工作会议、中央农村工作会议精神，认真落实习近平总书记关于"三农"工作的重要论述和对重庆作出的系列重要指示批示精神，深入贯彻市委六届二次全会精神，紧扣成渝地区双城经济圈建设，强化稳进增效、除险清患、改革求变、惠民有感的工作导向，坚持和加强党对"三农"工作的全面领导，坚持农业农村优先发展，坚持城乡融合发展，聚焦高质量、竞争力、现代化，强化科技创新、制度创新、模式创新和数字赋能，守住守好防止规模性返贫、确保粮食安全、加强耕地保护"三条底线"，大力实施千万亩高标准农田改造提升、千亿级优势特色产业培育、千万农民增收致富促进、千个宜居宜业和美乡村示范创建"四千行动"，着力提升农业机械化、乡村数智化、农民组织化"三化"水平，"一县一策"推动库区山区强县富民，推动我市农业农村现代化迈出坚实步伐，在建设农业强国中贡献重庆力量。

2023 年的主要工作目标是，全市第一产业增加值增长 4%左右，农村居民人均可支配收入增长 7%以上，粮食播种面积和产量稳定在 3 012.2 万亩、216.1 亿斤以上，农业科技进步贡献率达到 62.5%，农作物耕种收综合机械化率超过 56%，村级集体经济组织年经营性收入 5 万元以上的村达到 70%、10 万元以上的村达到 50%，示范创建宜居宜业和美乡村 100 个。

二、坚决守住"三条底线"

（一）持续巩固拓展脱贫攻坚成果。压紧压实各级党组织、政府及其部门巩固拓展脱贫攻坚成果责任。完善防止返贫精准监测帮扶机制，优化防止返贫大数据监测平台和"渝防贫 App"便民通道，巩固提升"两不愁三保障"和饮水安全保障成果。把增加脱贫群众收入作为根本措施，把促进脱贫区县加快发展作为主攻方向，强化扶志扶智，突出产业就业，持续缩小收入差距、发展差距。中央财政衔接推进乡村振兴补助资金用于产业发展的比重提高到 60%以上，重点支持补上技术、设施、加工、营销等短板。实施防止返贫就业攻坚行动，深化东西部劳务协作，推进脱贫群众稳岗就业计划和劳务品牌培育计划，确保脱贫劳动力就业规模稳定在 75 万人以上。深化消费帮扶，举办重庆市乡村振兴消费帮扶周活动、鲁渝消费帮扶产销对接大会、重庆柑橘进山东专场推介大会等系列活动。管好用好扶贫项目资产，健全完善帮扶项目联农带农机制。完善帮扶政策，加大对帮扶项目的金融支持力度，推进"富民贷"扩面上量，推动"渝快助农贷"实现涉农区县全覆盖。"一县一策"推动 4 个国家乡村振兴重点帮扶县加快发展。深入推进"万企兴万村"行动。研究过渡期后农村低收入人口常态化帮扶机制。办好首届全国乡村振兴国际博览会。

（二）全力抓好粮食和重要农产品稳产保供。全面落实粮食安全党政同责，大力实施"稳粮扩油"工程。强化藏粮于地、藏粮于技的物质基础，健全落实农民种粮收益保障机制。深入实施优质粮食工程，开展粮油绿色高产高质高效示范创建。积极创新一年多熟粮食生产方式，在适宜区大力发展再生稻。完善农资保供稳价应对机制。产粮大县奖励资金重点用于粮食生产相关领域。鼓励发展粮食订单生产。加强粮食应急保障能力建设。开展粮食节约行动。深入实施大豆和油料产能提升工程，扎实推进大豆玉米带状复合种植，统筹油菜综合性扶持措施。实施加快油茶产业发展三年行动，落实油茶扩种和低产低效林改造 29.7 万亩。树立和落实大食物观，积极构建粮经饲统筹、农林牧渔结合、植物动物微生物并举的多元化食物供给体系。严格"菜篮子"区县长负责制考核。推进老旧蔬菜设施改造提升，稳定蔬菜面积和产量，大力发展食用菌产业。巩固生猪产能，全年出栏量保持在 1 800 万头以上。大力发展青贮饲料，加快推进秸秆养畜。发展林下种养。深入推进池塘养殖生态化改造，积极发展稻渔综合种养，有序开发大水面生态渔业。加大食品安全、农产品质量安全监管力度，健全追溯管理制度。大力发展现代化设施农业。制定农产品产地仓储保鲜冷链物流设施建设三年实施方案，建成农产品产地冷藏保鲜设施 400 个。

（三）加强耕地保护和用途管控。压紧压实耕地保护党政同责，落实刚性指标考核、一票否决、终身追责制度，坚决遏制耕地"非农化"、有效防止耕地"非粮化"，牢牢守住耕地保护红线。紧扣国家下达的耕地保有量和永久基本农田保护任务，市和区县签订耕地保护目标责任书，足额带位置逐级分解下达。严格耕地占补平衡和进出平衡管理，落实"区县审核、市级复核、社会监督"机制，按规定及时向社会统一公示公告，确保补充的耕地数量相等、质量相当、产能不降。严格控制耕地转为其他农用地，突出耕地保护优先序，优化植树造林空间布局，积极争取耕地种植用途管控探索试点工作。清单化责任制推进撂荒耕地复耕复种。扎实做好第三次土壤普查工作。

三、大力实施"四千行动"

（一）实施千万亩高标准农田改造提升行动。健全"投、建、用、管、还"机制，大力推进高标准农田改大、改水、改路、改土、机械化"四改一化"示范建设，加强坡耕地综合治理，力争全年改造提升高标准农田 200 万亩。制定落实逐步把永久基本农田全部建成高标准农田的实施方案。健全高标准农田长效管护机制，构建政府、经营主体、集体经济组织共同参与的多元化管护格局。编制农田灌溉发展规划，扎实推进重大水利工程建设，推进大中型灌区建设和现代化改造，加强田间地头渠系与灌区骨干工程连接，打造具有丘陵山地特色的多功能灌区。深入推进农业水价综合改革。加快耕地质量提升综合示范区和酸化土壤改良示范项目建设。加强耕地污染监测和防治。

（二）实施千亿级优势特色产业培育行动。优化空间布局，因地制宜做好"土特产"文章，大力开发乡土资源，支持区县打造"一主两辅"优势特色产业，着力推动集群式发展。统筹推进国家级农业现代化示范区、现代农业产业园、农村产业融合发展示范园、优势特色产业集群等创建和市级农业园区建设，重点打造生态畜牧、火锅食材、粮油、预制菜、重庆小面、柑橘、中药材、榨菜、茶叶等优势特色产业集群，推动全环节升级、全链条增值。健全推动农产品加工业高质量发展的政策措施，争创中国（重庆）国际农产品加工产业园，推动预制菜产业标准化、规范化发展。实施乡村休闲旅游精品工程。完善区县、乡镇、村电子商务和快递物流配送体系，推动农村客货邮融合发展。大力推进"数商兴农"和"互联网+"农产品出村进城工程，建设数字农业电商直播产业园和农副产品直播基地。加强绿色、有机和地理标志农产品认证管理，全面推行食用农产品承诺达标合格证制度，加快全产业链地方标准体系建设，持续打造"巴味渝珍""三峡柑橘"等区域公用品牌。举办中国农产品新品发布会暨中国西部（重庆）国际农产品交易会。推进国家农业绿色发展先行区建设，加快农业投入品减量增效技术推广应用，健全农业生产废弃物收集利用处理体系，实施好长江十年禁渔。扎实推进成渝现代高效特色农业带建设，加快建设大足安岳、荣昌隆昌、梁平开江三个合作示范园区，打造全球泡（榨）菜出口基地，支持"万达开"联合打造三峡中药材大数据平台。

（三）实施千万农民增收致富促进行动。谋划实施农民收入整体提升计划，确保农村居民收入增速高于我市城镇居民收入增速、高于全国农民收入平均增速，城乡居民收入差距持续缩小。引导有技术有能力的农民创业兴业，因地制宜开发特色种养、产地加工、乡村服务业等增收项目，把农产品增值收益更多留在农村、留给农民。持续提升农民工职业技能，落实稳岗纾困政策，稳定农民工就业。加强返乡入乡创业园、农村创业孵化实训基地等建设。大力推进"巴渝工匠"乡村驿站、就业帮扶车间建设，引导农民就近就地就业。在确保工程质量安全和符合进度要求前提下，按照"应用尽用、能用尽用"原则,大力推动政府投资重点工程项目实施以工代赈,加大在农业农村基础设施建设领域推广以工代赈力度。健全以城带乡、以工补农体制机制,加强"一区两群"区县农业农村对口协同发展。优化区县、乡镇、村产业空间布局,提升区县城产业承载和配套服务功能,增强重点镇集聚功能。

（四）实施千个宜居宜业和美乡村示范创建行动。坚持区县统筹,支持有条件有需求的村庄优化实用性村庄规划,合理确定村庄布局和建设边界。强化村庄规划入库管理,完善村镇规划管理"一张图",严禁违背农民意愿撤并村庄、搞大社区。推进以村为单位的全域土地综合整治。编制村容村貌提升导则,立足乡土特征、地域特点和民族特色提升村庄风貌,防止大拆大建、盲目建设牌楼亭廊"堆盆景"。落实《乡村建设项目库建设指引（试行）》《乡村建设任务清单管理指引（试行）》。扎实推进农村人居环境整治提升,抓好农村厕所、垃圾、污水"三个革命",巩固农村户厕问题摸排整改成果,持续开展村庄清洁行动和爱国卫生运动,稳步推进农村黑臭水体整治。持续加强乡村基础设施建设,统筹推进农村路、水、电、通讯、物流"五网"建设,落实村庄公共基础设施管护责任,加强农村应急管理基础能力建设。支持农村危房改造,开展现代宜居农房建设示范。推进县域内义务教育优质均衡发展,提升农村学校办学水平。强化县域内医疗卫生资源统筹和布局优化,加强乡村两级医疗卫生、医疗保障服务能力建设。加快乡镇区域养老服务中心建设,推广日间照料、互助养老、探访关爱、老年食堂等养老服务。优化低保审核确认流程,确保符合条件的困难群众"应保尽保"。深化农村社会工作服务。加强家庭家教家风建设。扩大市域社会治理现代化试点,总结推广最佳案例。协同推进国家级、市级乡村治理示范村镇和民主法治示范村（社区）创建。深化"枫桥经验"重庆实践,完善社会矛盾纠纷多元化预防调处化解机制,推进农村扫黑除恶常态化。加强农村精神文明建设,继续在乡村开展听党话、感党恩、跟党走宣传教育活动,丰富农村文化生活,提升农民精神风貌。深入推进移风易俗,扎实开展高价彩礼、大操大办等突出问题专项治理,逐步形成宣传倡导、日常监督、表扬奖励闭环治理机制。推动农村公益性殡葬服务设施建设。

四、着力提升"三化"水平

（一）加快推进农业机械化发展。聚焦丘陵山区农作物耕种收、畜禽养殖和智慧农业等重点领域，加强科企联合攻关，开展先进适用农机装备研发推广。坚持"改地适机"与"改机适地"相结合，围绕农田宜机化、农机装备智能化、农业大数据平台智慧化、无人农场现代化等场景开展示范应用。研发一批集农业智能感知、智能控制、自主作业为一体的智能农机装备。实施丘陵山区农业机械化示范工程，推动一批适应性广、作业性强、可靠性好的小型轻简农机装备示范应用。开展农机装备"浙渝协作"，打造"重庆制造"品牌。

（二）积极推动乡村数智化建设。加快农村地区数字基础设施建设和信息化应用发展，提升千兆光纤、4G、5G网络农村覆盖范围和质量。深入实施数字乡村发展行动，推动智慧医疗、智慧教育、智慧文化、智慧旅游、智慧农业气象等应用场景落地。加快农业农村大数据应用，推进智慧农业发展，新建智慧农业试验示范基地20个。创建国家数字农业创新西南分中心和应用推广基地。探索开展数字赋能乡村文明实践工程，推动新时代文明实践中心建设提档升级。

（三）切实提高农民组织化程度。健全党组织领导的村民自治机制，全面落实"四议两公开"制度，规范民主议事程序，推动村级事务联席会、乡村互助会、道德评议会等组织有效发挥作用。健全新型农业经营主体与农户利益联结机制，采取"保底收益+按股分红"等方式，鼓励发展多样化的联合与合作，让农户分享产业链增值收益。实施农业社会化服务促进行动，大力发展代耕代种、代管代收、全程托管等社会化服务，将小农户引入现代农业发展轨道。推动修订完善村规民约，引导和培育村民健康文明的生活方式。持续开展"清洁户"、"星级文明户"、美丽庭院等评选，发挥示范带动作用。探索建立农民健康互助组，举办"中国农民丰收节"等重要农时、节气活动，开展"我为乡村振兴作贡献"活动，发挥农民主体作用，充分调动农民参与乡村振兴的积极性、主动性、创造性。全面培训提升乡镇、村班子领导乡村振兴和推动强村富民能力。

五、坚持科技和改革"双轮驱动"

（一）推动农业关键核心技术攻关。以国家生猪技术创新中心、国家级重庆（荣昌）生猪大数据中心等平台为支撑，高标准建设荣昌畜牧科技城。发挥油菜种质资源优势，以蔬菜等特色产业为依托，高质量推进潼南农科城建设。加快建设部级重点实验室，推进长江上游种质创制大科学中心、山地农业科技创新基地等建设。优化设置农业产业技术体系创新团队。扎实推进全国农业科技现代化先行县创建工作。深入实施农业科技特派员制度。加强基层农技推广体系改革与建设。推进"科技小院"建设。

（二）扎实推进种业振兴。完成农业种质资源普查，启动农业种质资源精准鉴定。开展生物育种重大项目攻关，推进柑橘、生猪国家育种联合攻关，实施科企联合育种攻关，加快培育短生育期油菜、优质高效荣昌猪、渝州白鹅等优势品种。推动国家农作物品种测试评价站、国家生猪测定站等建设。深入实施重大品种研发与推广后补助政策，推动我市自有优势良种推广。鼓励支持种业企业并购、重组，推动中小种业企业联合发展。加强国际国内种业龙头企业对接合作。大力实施种业监管执法年活动。

（三）深化农村"三块地"改革。深化农村土地制度改革，扎实搞好确权，稳步推进赋权，有序实现活权，让农民更多分享改革红利。巩固和完善农村基本经营制度，扎实推进第二轮土地承包到期后再延长 30 年试点。引导土地经营权有序流转，发展适度规模经营。总结"小田并大田"等经验，探索在农民自愿前提下，结合农田建设、土地整治逐步解决地块细碎化问题。稳慎推进农村宅基地制度改革试点，切实摸清底数，加快房地一体宅基地确权登记颁证，加强规范管理，妥善解决历史遗留问题，探索宅基地"三权分置"有效实现形式。稳妥有序推进农村集体经营性建设用地入市试点工作。保障进城落户农民合法土地权益，鼓励依法自愿有偿转让。积极盘活存量集体建设用地，优先保障农民居住、乡村基础设施、公共服务空间和产业用地需求。扎实推进农村综合改革试点示范。

（四）培育提升新型农业经营主体。实施家庭农场培育计划，支持家庭农场领办创办农民合作社，鼓励农民合作社根据发展需要组建联合社或兴办企业，有序扩大经营规模、提高经营能力。开展农民合作社规范提升行动，培优扶强农民合作社国家级示范社、市级示范社，提升农民合作社市场竞争力、农民带动力。积极培育壮大农业龙头企业，促进"上规、上云、上市"。开展新一批农业产业化联合体创建认定。加强管理服务制度建设，营造有利于新型农业经营主体成长的市场环境。

（五）扩面深化农村"三变"改革。总结"三变"改革试点成效经验，鼓励各区县在具备条件下全域推进。引导农村集体经济组织、新型农业经营主体、农民合股联营，构建"股权平等、利益共享、风险共担"的股份合作机制。积极探索"三变"+特色产业、"三变"+农村电商、"三变"+乡村旅游等经营模式。建立农村集体资源资产作价入股评估监督制度，防止权力寻租、低价入股、资产流失。探索固定分红、保底分红、效益分红、实物分红等灵活多样的股权收益分配机制。

（六）高质量推动"三社"融合发展。深化供销合作社综合改革。启动全市供销系统基层组织提质增效工程，实施"区域性为农服务中心"建设，提高产供销服务能力，推动基层组织与新型农业经营主体融合发展。推动全市供销系统构建以直属企业为龙头、基层组织为载体，市、区县、乡镇、村四级上下贯通、一体推进的为农服务体系，为新型农业经营主体提供专业化、规模化服务，提高"三社"融合发展质效。

（七）发展壮大新型农村集体经济。深化农村集体产权制度改革，全面推动村级集体经济组织与村（居）民委员会财务分离。推动集体资产管理与经营有效分离，因地制宜探索资源发包、物业出租、居间服务、资产参股等新型农村集体经济发展有效路径。健全完善农村产权流转交易体系，推动区县农村产权流转交易平台市场化改造，加快农村产权流转交易市场建设。探索市、区县两级流转交易平台市场化合作路径和财政购买服务机制。继续深化集体林权制度改革。保障妇女在农村集体经济组织中的合法权益。

（八）加快推进城乡融合发展。深入研究谋划城乡融合发展的有形载体和有效抓手，把城乡融合发展打造成为我市农业农村现代化的鲜明特色。研究制定"一县一策"强县富民的政策举措，大力发展县域经济。深入推进以区县城为重要载体的城镇化建设，统筹县域城乡规划布局，推动区县城城镇化补短板强弱项。支持开展国家县城新型城镇化建设示范。探索实施"强镇带村"重点工程，开展特色小镇建设，加强中心城镇市政、服务设施建设。梯度配置县乡村公共资源，发展城乡学校共同体、紧密型医共体、养老服务联合体，推动县域供电、供气、电信、邮政等普遍服务类设施城乡统筹建设和管护，支持有条件的地区推动市政管网、乡村微管网等往户延伸,逐步使农村基本具备现代生活条件。深化户籍制度改革,引导农业转移人口在城镇落户。深入推进县域农民工市民化,建立健全基本公共服务同常住人口挂钩、由常住地供给机制。做好农民工金融服务工作。深入推进国家城乡融合发展试验区重庆西部片区建设。创建全国精神文明城乡融合发展示范区。

六、强化乡村振兴工作保障

(一)健全乡村振兴多元投入机制。坚持把农业农村作为一般公共预算优先保障领域,压实地方政府投入责任。稳步提高土地出让收益用于农业农村比例。加大地方政府专项债支持乡村振兴力度。发挥财政资金引领、撬动作用,用好金融支持政策,支持以市场化方式设立乡村振兴基金,推动金融和社会资本更多投向农业农村。推动金融机构增加乡村振兴相关领域贷款投放,全力支持重点农业产业链发展。探索开展大型农机具、温室大棚、养殖圈舍等抵押贷款试点。探索农机补贴贷等农业补贴确权贷。提升政策性农业担保机构为农业市场主体服务能力和水平。深入推进农村土地流转经营权、农村承包土地经营权、集体经营性建设用地使用权、林权、自然资源产权等抵押担保。加强农村信用体系建设,完善信用信息共享机制。常态化开展新型农业经营主体信贷直通车活动。提升政策性农业保险密度和深度。支持重庆股份转让中心加快完成乡村振兴板开板。

(二)强化乡村人才支撑。深入推进"重庆英才·乡村领军人才"计划。实施万名乡镇公共服务人才、万名乡村治理人才、万名乡村工程技术人才、万名农民合作社带头人、万名农村劳务经纪人培育"五万计划",组织引导城市各类人才到基层一线服务。引导支持大学毕业生、农民工、企业家等返乡入乡创新创业。建立健全新农人回乡入乡机制,创造良好环境,帮助解决职业发展、社会保障等后顾之忧。实施高素质农民培育计划,推进乡村产业振兴带头人培育"头雁"项目,统筹开展农村创业带头人、致富带头人培育培训。实施基层农技推广人才定向培养计划。大力发展面向乡村振兴的职业教育,深化产教融合和校企合作,加快推进农业高职院校建设。建立健全乡村振兴弹性引才用才制度,完善城市专业技术人才定期服务乡村激励机制。深化建筑师、规划师、工程师、艺术家等"三师一家"下乡服务。继续实施农村订单定向医学生免费培养项目和教师"优师计划""特岗计划""国培计划"。实施乡村振兴巴渝巾帼行动、青年人才开发行动。

（三）防范化解农业农村领域安全风险。常态化开展农业农村领域安全风险大排查、大整治、大执法。扎实做好农村地区新冠疫情防控工作。持续加强区县、乡镇、村应急管理和消防安全体系建设。完善农村灾害防御体系，加强旱涝灾害防御体系建设和农业生产防灾救灾保障，抓好地质灾害监测预警、避让和防治，稳步提高农业气象基础支撑能力。提升森林火灾综合防控水平。加强非洲猪瘟等重大动物疫病常态化防控和重点人畜共患病源头防控。健全基层动植物疫病虫害监测预警网络。实施重大危害入侵物种防控攻坚行动。建立健全生猪等重要农产品价格监测预警机制。完善社会资本投资农业农村指引，加强资本下乡引入、使用、退出的全过程监管，防范化解农业农村经营风险。

七、切实加强党对"三农"工作的全面领导

（一）全面落实乡村振兴责任制。健全党领导"三农"工作的制度体系，完善抓党建带全局的工作体系，推动乡村振兴重大决策落地、重大任务完成、重大风险防控。制定乡村振兴责任制实施细则，落实五级书记抓乡村振兴工作责任。健全"区县统筹抓乡促村"工作机制，充分发挥区县党委"一线指挥部"作用。严格落实各级党委和政府向上级党委和政府、本级政府向本级人大报告乡村振兴工作制度。全面落实区县领导班子成员包乡走村、乡镇领导班子成员包村联户、村干部经常入户走访制度。修订区县党政领导班子和领导干部推进乡村振兴战略实绩考核办法，统筹开展乡村振兴战略实绩考核、巩固拓展脱贫攻坚成果同乡村振兴有效衔接考核评估，将抓党建促乡村振兴情况作为区县、乡镇党委书记抓基层党建述职评议考核的重要内容。改进优化乡村振兴专项督查和审计监督方式，推动各类监督贯通融合，开展乡村振兴领域腐败和作风问题整治。规范"小微权力"监督，推动基层纪检监察组织和村务监督委员会有效衔接，建立基层监督联系点，用好基层公权力大数据监督平台，强化对村干部全方位管理和经常性监督。加大涉农干部培训力度，引导党员干部深入基层开展调查研究。加强乡村振兴统计监测。

（二）纵深推进抓党建促乡村振兴。深化农村党建提升行动，着力增强党组织政治功能和组织功能，形成问题发现靠党建、问题发生查党建、问题解决看党建的党建统领工作机制。加强村党组织对村级各类组织和各项工作的领导。持续推进农村带头人队伍建设，总结深化"导师帮带制""擂台比武"等工作，选树一批"担当作为好支书"。加强标准化规范化建设，深化基层党建示范培育，推行村党组织"评星定级"，对软弱涣散村党组织"一村一策"进行集中整顿。派强用好驻村第一书记和工作队，推动派出单位落实责任、项目、资金。通过设岗定责、承诺践诺等方式，发挥农村党员带头致富、带领创富、带动共富作用。完善党建统领的自治、法治、德治、智治"四治融合"乡村治理体系，推广运用"积分制""清单制""院落微治理"等做法，提升乡村治理效能，促进农村和谐稳定。

（三）健全"三农"工作推进机制。坚持和完善常态化调研机制，聚焦"三农"改革发展稳定重大问题，深入基层农村察农情、访实情、问民意，有针对性地研究制定"三农"工作和全面推进乡村振兴的政策措施。建立季度例会报告机制，涉农区县、市级有关部门要把乡村振兴作为向市委、市政府季度例会报告的重要内容。构建项目化实施机制，聚焦农业农村重大项目，强化调度督导、打表推动、考核评估、盘点销号，形成工作闭环。健全专班化协同推进机制，优化完善乡村振兴工作专班，构建跨部门、跨领域、跨层级的协同运转机制，形成集智攻坚乘数效应。建立全面推进乡村振兴赛马比拼机制，完善"五色图"评价指标体系，定期晾晒比拼工作成效。推行成功实践案例评选推荐机制，鼓励和引导基层探索创新，扎实开展乡村振兴示范创建，总结推广乡村振兴典型经验和有效做法。

附录 F 《重庆市人民政府关于大力度推进食品及农产品加工产业高质量发展的意见》

各区县（自治县）人民政府，市政府各部门，有关单位：

为全面贯彻落实党的二十大精神，深入贯彻落实习近平总书记重要指示要求，认真落实市委六届二次全会部署要求，大力度推进食品及农产品加工产业高质量发展，现提出如下意见。

一、奋力开创食品及农产品加工产业发展新局面

（一）把食品及农产品加工产业作为重要支柱产业来抓。统筹推进初加工、精深加工和综合利用加工，以高端化、智能化、绿色化为方向，做优做强主导产业，实施食品安全、种养基地建设、品牌建设、平台建设、园区建设、"头羊计划"六大专项行动，构建完善创新链、产业链、资金链、人才链，将食品及农产品加工产业打造成为全市经济发展的重要增长点。

（二）创新食品及农产品加工产业发展思路。坚持市场主导与政府支持相结合，充分发挥市场在资源配置中的决定性作用，加大政策支持力度。坚持"立足本地"与"两头在外"相结合，充分利用国内国际两个市场、两种资源发展食品及农产品加工产业。坚持改革创新与科技创新相结合，健全完善现代企业制度，强化技术装备改造，提升生产管理现代化水平。坚持集聚发展与融合发展相结合，引导加工产能集聚，推动农村一二三产业融合发展。坚持营造产业发展环境与厚植产业发展优势相结合，构建完善科技研发推广体系、生产要素保障体系、社会化服务体系、消费市

场体系、政策支持体系，建立产业生态联盟。

（三）打造食品及农产品加工产业发展高地。未来五年，食品及农产品加工产业规模跨上新的台阶，核心竞争力明显增强，高质量发展取得显著成效；培育一批知名品牌，壮大一批龙头企业，完善一批产业链条，建成一批特色园区。到 2027 年，力争全市食品及农产品加工产业产值达到 5 000 亿元以上，规模以上食品及农产品加工企业研发投入强度达到 1.5% 以上。

（四）健全联农带农利益共享机制。坚持把带动农业、繁荣农村、致富农民作为食品及农产品加工产业发展的基本出发点。创新农业产业化经营机制，引导加工企业、农民合作社、家庭农场、集体经济组织等结成紧密的利益共同体。推广"农民入股+保底收益+按股分红"等模式，健全完善利益联结机制。鼓励食品及农产品加工企业更多吸纳农业转移人口就业。

二、推进主导产业集群发展

（五）优化发展布局。根据"一区两群"各区域发展定位，完善食品及农产品加工产业发展规划。鼓励食品及农产品加工企业跨区域建设原料基地，探索建立区域间原料基地共建共用、产值税收分享机制。推动加工产能向特色农产品优势区，长江、嘉陵江黄金水道，铁路、高速公路沿线和重要物流基地布局，打造食品及农产品加工产业集中区和产业带。

（六）做强做优主导产业。巩固提升竹木加工等传统优势产业，加快发展渝酒、精制茶等潜力较大的产业，聚焦重庆小面等特色美食加工，培育发展新优势。以粮油、肉蛋奶、果蔬、休闲食品、预制菜、火锅食材、中药材等产业为重点，推动跨越式发展。支持各区县（自治县，以下简称区县）重点培育 1 个主导产业、2 个辅助产业，建设一批食品及农产品加工强区强县。

（七）培育具有较强竞争力的产业集群。一体推进标准化原料基地建设改造以及农产品初加工、精深加工和综合利用加工，推动科研、生产、加工、储运、销售等全链条融合发展。培育壮大"链主"企业，鼓励食品及农产品加工龙头企业牵头组建产业联盟或产业联合体，促进产业链上各关联主体协同发展，培育形成一批综合产值 1 000 亿元以上的产业集群。

三、打造功能配套完善的园区载体

（八）高水平建设一批产业园区。积极争创中国（重庆）国际食品及农产品加工产业园。创建50亿元级、100亿元级食品及农产品加工产业示范园区20个以上，建设一批中小企业集聚区。鼓励各区县充分利用中心镇粮站、废旧学校等闲置资源建设小型食品园，依托工业园区、物流基地、现代农业产业园等建设"园中园"，不具备条件的区县可在异地合作共建加工园区。支持建设火锅食材、重庆小面、预制菜等特色产业园和为食品及农产品加工配套服务的功能产业园。

（九）完善园区功能配套。统筹布局园区的研发、生产、加工、物流、服务等功能板块，完善仓储物流、标准厂房、供能供水、废污处理等配套设施，健全科技研发、融资担保、检验检测、电商营销等公共服务平台。建设东盟农产品集散中心。鼓励有条件的园区建设人才公寓和员工集体宿舍。

四、培育壮大龙头和头部企业

（十）大力培育领军企业和高成长性企业。坚持大中小企业一体培育，大力推动企业升规入统。实施"小巨人"企业培育工程，壮大亿元级企业群体，培育一批"专精特新"企业、龙头企业、头部企业和品牌企业。实施"头羊计划"，重点打造100家领军企业、100家高成长性企业、100家综合服务保障企业和50家上市后备企业。鼓励企业强强联合，引导发展企业集团。

（十一）加快企业智能化绿色化改造。支持企业加快技术改造、装备升级和模式创新，鼓励企业引进国内外先进技术装备。深入开展新一代信息技术的融合应用，建设一批智能工厂和数字化车间，推动企业原料采购、生产制造、市场销售数字化融通发展。推广应用减排减损技术和节能装备，提高企业绿色发展水平。

（十二）着力招大引强。坚持全产业链招商，引进一批集仓储和商品化处理于一体的初加工、精深加工和综合利用加工企业。瞄准食品及农产品加工领域世界500强及中国100强企业、农业产业化国家重点龙头企业、"专精特新"企业等精准招商，引进培育一批"链主"企业。发挥区县主体作用，强化部门横向协同和市、区县纵向联动，建立联合协同招商机制。

五、突出科技创新支撑

（十三）建立完善科技创新平台。加强共用技术研发平台、专业研发机构、设计赋能中心建设，强化对企业特别是中小企业技术创新服务。引进食品及农产品加工领域国内外知名高校、科研机构、科研团队来渝联合办学或设立研发机构。发挥企业创新主体作用，支持有条件的企业建立开放式创新平台或协同创新中心。整合市内外科研资源，建立食品及农产品加工产业联合研发平台。组建农产品加工技术创新联盟。

（十四）加强关键技术攻关。探索"产业技术研究院+产业园区+产业投资基金"模式，引导企业与高校、科研院所组建产学研联合体。建立人才资源库、企业技术难题库和技术需求清单，有针对性地组织开展研发攻关。加大科技研发投入，采取竞争立项、"揭榜挂帅"等方式，攻克一批关键核心技术。

（十五）加快科技成果转化应用。完善技术转移体系和交易服务平台，鼓励企业与科研单位共建研发和技术转移机构。深化科技成果使用权、处置权和收益权改革，完善权益分配方式。鼓励科研人员参与企业项目合作，或以科技成果入股企业。支持建设食品及农产品加工中试基地。

（十六）实施人才培养工程。推行食品及农产品加工产业科技特派员制度。建立健全科研人员校（院）企双聘机制，鼓励科研人员到企业挂职或兼职。支持高等院校、职业学校开设食品及农产品加工相关专业，与园区共建实训基地。积极引进国内外食品及农产品加工领域高层次人才和紧缺人才。加强企业家队伍建设。加大职业经理人队伍培育力度。

六、高度重视和抓好质量品牌建设

（十七）提高标准化生产水平。引导企业制定高水平的技术标准、工作标准和管理标准，全面推行标准化生产。支持企业参与国家标准、行业标准制（修）订。加快制定食品及农产品加工技术规程地方标准，鼓励制定高于推荐性标准的团体标准、企业标准，完善地方特色食品及农产品加工技术标准体系。

（十八）塑造一批知名品牌。唱响"三峡柑橘"等区域公用品牌，做大重庆火锅、重庆小面等特色品牌，打造"老字号""原字号"等品牌，支持创建企业品牌。推进品牌设计升级，造就一批市场知名度高、溢价能力强的企业品牌和区域品牌。建立品牌目录制度，完善名牌产品征集、评选标准，健全定期审核和退出机制。

（十九）打造"爆品""爆款""爆点"。深入研究消费者行为和市场变化趋势，推动产品重新定义，引导企业合理定位产品，加强产品研发设计，完善综合解决方案。细分赛道，找准小切口，打造一批"爆品""爆款""爆点"。制定"爆品"培育计划，力争7大重点产业各培育2~3个年销售额10亿元以上的"爆品"。

（二十）加强公共检测平台建设。深化产品检验检测认证服务，推进检验检测集聚区、示范区建设，健全完善区域性检验检测机构。开展市级质检中心创建工作，提升检验检测能力，推动数字化转型。加强产业计量测试中心和市场监管重点实验室建设。

（二十一）把食品安全放在首位。提升食品安全管理能力，建立健全管理制度，督促企业严格落实食品安全主体责任。鼓励企业落实良好生产规范要求，支持企业开展先进的质量管理、食品安全控制等体系认证。完善食品安全追溯信息数据库，建立溯源管理平台。加强食品安全风险防范，健全突发事件应急处置机制。

七、促进区域协同发展

（二十二）扩大对外交流合作。加强与长江经济带沿线地区、东西部对口协作地区的食品及农产品加工产业协作，主动承接产业转移。深入推进成渝地区双城经济圈食品及农产品加工产业协同发展，联手打造产业集群。着眼国内外大市场发展食品及农产品加工产业，支持企业根据需要在市外、国外布局原料基地。

（二十三）促进"一区两群"食品及农产品加工产业协同发展。强化对口协同，引导主城都市区食品及农产品加工企业到"两群"区县建立原料基地，开办加工企业。探索创新"大带小、强带弱""一区多园"等园区协同发展机制，鼓励主城都市区园区与"两群"区县园区联动发展。由结对区县共同组建协同招商专班，联手开展招商引资。主城协同区要帮助

"两群"对口区县至少发展 1 个食品及农产品精深加工项目。

八、强化综合配套服务保障

（二十四）加大财税政策支持力度。加强市、区县联动，增加对食品及农产品加工产业的投入。市财政每年安排专项资金，支持食品及农产品加工产业发展。统筹农业产业发展资金、财政衔接推进乡村振兴补助资金、工业及冷链物流相关资金等，向食品及农产品加工产业倾斜。加大地方政府专项债、政策性开发性金融工具对食品及农产品加工产业园区基础设施建设支持力度。全面落实新时代西部大开发和食品及农产品加工产业各项税收优惠政策。

（二十五）创新金融服务。设立食品及农产品加工产业生态基金。加快金融产品和服务创新，强化数字金融创新运用，扩大产权抵押融资范围，创新各类应收款、预付款、仓单质押融资等供应链金融。强化"政银担"协同支持，健全信贷风险共担机制，完善农业担保"双控"管理，加大食品及农产品加工产业担保贷款贴费力度。支持企业上市融资，完善全过程企业上市推进机制。

（二十六）强化用地用电保障。按照"计划跟着项目走"和"消化存量确定增量"的原则，盘活存量建设用地。对农产品初加工、精深加工、综合利用加工和仓储流通设施建设用地应保尽保。因地制宜确定产业园区食品及农产品加工产业投入产出强度。建立食品及农产品加工产业用地项目库。支持食品及农产品加工企业供配电设施建设，保障用电需求。

（二十七）构建完善物流体系。完善农村三级物流体系，优化本地农产品原料"最先一公里"运输。加快构建城乡冷链物流体系，鼓励各类市场主体参与冷链物流网络建设。大力发展国际冷藏集装箱运输，充分发挥西部陆海新通道、中欧班列等出海出境大通道对产业的支撑作用。强化现有口岸功能应用，拓展海关特殊商品监管区域功能。

（二十八）积极开拓国内国际市场。加强宣传营销推广，积极组织企业参加各类展会。引进培育多渠道网络（MCN）机构，大力发展电子商务，加大特色电商平台、消费互联网平台建设力度，加强与大型电商平台合作及资源对接力度。用好自由贸易试验区、综合保税区等载体，改善投资贸易条件，引导企业加强国际合作，发展国际贸易。

九、健全完善工作推进机制

（二十九）强化组织领导。充分发挥食品及农产品加工产业高质量发展工作专班作用，构建完善统一领导、分工协作、合力推进的工作机制。落实区县和市级有关部门责任，加强政策协同，强化要素支持，细化工作举措，定期开展赛马比拼，形成"比学赶超"的浓厚氛围和整体合力。

（三十）强化企业服务。加强营商环境建设，打造便利的市场环境、高效的政务环境、公正的法治环境。抓好政策宣传解读，全面落实惠企政策。开展企业帮扶活动，组建由区县领导干部牵头的企业服务团队，协调解决企业生产经营中的困难和问题。

（三十一）强化督查激励。将食品及农产品加工产业发展纳入市政府对区县年度督查激励工作措施，对成效突出的区县进行激励。加强工作督查，健全约谈、通报机制。各区县要结合实际制定完善支持政策措施，加大对食品及农产品加工产业的支持力度。

重庆市人民政府

2023 年 6 月 13 日

后记

　　随着本书最后一个句点落下，有一种难以言表的情愫在笔者心头荡漾。在写作过程中，笔者深知农业高质量发展的复杂性和艰巨性。农业不仅是种植和养殖的简单叠加，更是一个涉及经济、社会、生态等多方面的复杂系统。因此，要实现农业的高质量发展，我们就必须从多个维度进行深入的研究和分析。本书以重庆市长寿区农业高质量发展研究为例，以市场导向思维、城乡融合思维、全面振兴思维为主要内容，尝试从农业产业结构、农业生产方式、农业科技创新、农业政策支持等多个方面对重庆市长寿区农业高质量发展的实现路径、创新方向、产业优势、存在问题等进行深入探讨，从而提出有针对性的建议，为我国农业高质量发展提供参考。

　　农业高质量发展是一个系统工程，需要多部门多方面的协同配合和共同努力。在写作过程中，笔者得到了来自重庆市长寿区相关部门的支持和帮助，为本书提供了宝贵的资料和建议，帮助笔者不断完善全书的内容和结构。在此，笔者向所有为这本书付出辛勤劳动和智慧的同仁表示衷心的感谢。同时，笔者在写作过程中还借鉴、参考并吸收了许多专家学者的研究成果和相关资料，在此一并致以诚挚的谢意。除此之外，还要感谢来自家人的支持和陪伴，是他们无时无刻的守候和鼓励，才坚定了笔者在人生的道路上不断前行，永远不敢懈怠。

　　限于写作时间和作者水平，本书难免有所疏漏，不足之处还请各位专家读者批评指正。

张吕

2024 年 6 月